Unsere 90er

Ein Frufootastisches Jahrzehnt!

1. Auflage 2022

Gestaltung und Satz: Josephine Schönberg
Druck: Druck- und Verlagshaus Thiele & Schwarz GmbH, Kassel

34281 Gudensberg-Gleichen • Im Wiesental 1
Telefon: 056 03/9 30 50 • www.wartberg-verlag.de
ISBN: 978-3-8313-2453-8

VORWORT

Die 90er – unser Jahrzehnt!

Ein Jahrzehnt, in dem wir frei und unbeschwert waren, …
alles locker nahmen, …
dem Millennium entgegenfieberten, …
der Eurodance die Runde machte, …
SNAP! und Culture Beat die Charts dominierten, …
Tamagotchi unser ständiger Begleiter war, …
wir Furby hegten und pflegten, …
die PlayStation Einzug in unsere Wohnzimmer erhielt, …
die Gummibären im Röhrenfernseher herumhüpften, …
wir FRUFOO löffelten, …
der Jurassic Park im Chaos versank, …
die Büroklammer Karl uns beim Eintippen verrückt machte, …
Baggy Jeans so manche Beine umhüllten, …
Handys noch echte Tasten hatten …
und irgendwie alles möglich erschien!

Viele Erinnerungen an unser liebstes Jahrzehnt sind in diesem Buch vereint. Doch Vorsicht! Nur wer sich dem emotionalen Flashback gewappnet fühlt, darf nun weiterblättern. ;-)

Inhalt

SPIEL & SPASS!

Die 90er waren eine Zeit, in der wir (mal abgesehen von einer Runde „Snake" auf dem Nokia-Handy unserer Eltern) die meiste Zeit mit echtem Spielzeug verbrachten. Wir erfreuten uns an unseren Flik-Flak-Kinderuhren, unserer Sammlung von Leonardo-Joy-Gläsern, kleinen Trollen mit bunten Haaren, Plastikschnullern und den Extras aus den Micky-Maus-Heften (im Englischen übrigens immer „Mickey" geschrieben). Später waren es dann die kleineren Zugaben in der BRAVO, der BRAVO GiRL! oder Mädchen.

Wir klebten endlos viele Sticker in unsere Stickeralben (das Status-Symbol unseres Jahrzehnts), hatten Freundschaftsbänder um unser Handgelenk gewickelt und warfen unsere Jo-Jos mit genug Schwung nach unten, sodass sie sich auf der Erde drehten und dabei so aussahen, als wären sie ein Zauberartikel, der über dem Boden schwebt. Wir beschäftigten uns nicht mit Tablets, sondern mit echten Spielfiguren oder Brettspielen. Es sei denn, wir waren draußen, um dort mit unseren Freunden herumzutoben. Irgendein Spiel, bei dem wir rennen mussten. Oder eine Runde Inlineskaten. Aber auch Fädelspiele, Gummitwist und Seilspringen standen auf der Tagesordnung.

Diese 90er waren einfach eine komplett andere Zeit. Eine schöne, nicht wahr? Wir erinnern uns doch nur zu gerne zurück an die Diddl-Mäuse oder eine Runde BRAVO-TRAUBE, bei der wir die Knete zerquetschen oder zerschneiden konnten, um sie danach wieder zu einer Spielfigur zu formen. Einige der kultigsten 90er-TV-Werbespots hat wahrscheinlich jeder noch vor Augen. Vielleicht suchst du parallel zum Lesen einfach mal bei YouTube nach ihnen. Kindheitserinnerungen werden wach, garantiert!

WENN EINE FIGUR FÜR DIE 90ER-JAHRE STEHT, DANN JA WOHL DIDDL ODER?

Foto: ullstein bild - Nayhauß

Im Jahr 1991 war es so weit – die Diddl-Postkartenserie erschien. Besonders Mädchen und junge Frauen zwischen sieben und 25 fanden **Diddl**, die kleine Springmaus suuupersüß und wollten sie einfach nur knuddeln. 48 Postkarten mit Diddl-Motiven gab es damals zu kaufen, und diese waren innerhalb kürzester Zeit vergriffen, weshalb man sich entschied, das Produktsortiment Stück für Stück auszubauen. 1992 kamen die ersten Plüschmäuse auf den Markt, Diddl-Blöcke wiederum zwei Jahre später. Ihr erinnert euch sicher – ab der Erscheinung wurden die Schulhöfe zu Tauschbörsen und die heimischen Kinderzimmer zu Sammelstätten. Die 90er-Kids gaben teilweise ihr ganzes Taschengeld dafür aus und hefteten die Blättchen in ihren Sammelordnern ab. Eine Diddl-Epidemie griff um sich, wie DER SPIEGEL damals schrieb. Kein Wunder, die Figur traf schließlich den berühmten Nerv der Zeit. Vor allem durch die Plüschtiere entwickelte sich die Springmaus zum europaweiten Phänomen – und das ganz ohne Film und Fernsehen.

Die Slogans „Ich denk' ganz doll an dich!" oder „Ich hab' dich superlieb!" feuerten den Ausnahmezustand in Deutschland nur noch zusätzlich an – dadurch wurde **Diddl** zur ersten Wahl, wenn man ein Geschenk für eine geliebte Person suchte. Ihr wisst doch sicherlich noch: Fast alle Mädchen bekamen damals zum Schulanfang eine Diddl-Schultüte mit einer Plüschmaus überreicht. Und sogar für die Jungs gab es passende Mäuse, denn die Macher setzten nicht nur auf reine Mädchenfreundschaften. Es folgten Diddl-Schulranzen mit Schreibutensilien, zahlreiche Bettwäsche-Kollektionen, Diddl-Kleidung, Geschirr, Kalender und und und.

Jeden Monat erschien außerdem das Diddl-Magazin „Diddls Käseblatt" auf Deutsch, Französisch und Niederländisch. Bald betrug die Auflage des Käseblatts 600.000 Stück und wuchs genau wie die Produktpalette. Es trudelten jeden Tag tausend Fanbriefe beim Vertrieb ein, 300 Mitarbeiter mussten sich mittlerweile um alles rund um **Diddl** kümmern. Anschließend folgte eine eigene Bühnenshow mit der Springmaus.

Im Jahr 2013 war das Portfolio auf 1.000 Produkte angewachsen. Die damalige Vertriebsfirma Depesche merkte jedoch, dass die Nachfrage aufgrund anderer Trends langsam nachließ. Zum Ende des Jahres stellte man die Produktion ein und der Erfinder Thomas Goletz erhielt die Verwertungsrechte an seiner Maus zurück.

Wir 90er-Kids werden **Diddl** in guter Erinnerung behalten. Nicht als nervige kleine Figur, die manch einen in den Wahnsinn trieb, sondern als Symbol der 90er. Ein Symbol für Freude und Freundschaft.

PUPPY SURPRISE

KUSCHELTIERE MIT JEDER MENGE NACHWUCHS IM BAUCH!

Foto: © 2022 Hasbro Nutzung mit Zustimmung des Rechteinhabers

Viele Mädchen und Jungs besaßen damals ein Kuscheltier mit Reißverschluss oder Klettverschluss am Bauch, durch den man in eine Innentasche greifen konnte. Und schon hatte man kleine Baby-Kuscheltiere in der Hand. Natürlich konnte kein Kind der Hasbro-Werbung widerstehen, in der ab 1991 Mädchen ihren Hunden über das Hartplastik-Gesicht streichelten und sich dann über den Nachwuchs freuten, der aus dem Muttertier heraussprang. Ein enormer Hype entstand durch die Werbespots und bald waren alle Eltern gezwungen, den Kindern zum Geburtstag oder eben an Weihnachten eine **Puppy Surprise** zu kaufen. Den Namenszusatz „Surprise" trugen die Puppen, weil man sich überraschen lassen musste, ob sich drei, vier oder gleich fünf Babys im Bauch des schwangeren Muttertiers befanden.

Natürlich konnte man direkt erkennen, ob es sich bei den Babys um einen Jungen oder ein Mädchen handelte, denn die weiblichen Kids wurden immer mit Schleifchen gekennzeichnet. Viele Hersteller kopierten die Idee schon wenig später und brachten endlos viele Kuscheltiere mit Babybauch auf den Markt, nicht nur Hunde. Bald waren auch Meeresbewohner, Dschungelhelden und weitere Haustiere erhältlich. Das Original bleibt natürlich trotzdem **Puppy Surprise** und daran erinnern wir uns alle gerne zurück. Man kann die Puppy-Surprise-Kuscheltiere übrigens immer noch kaufen. Heute sind es zumeist Hunde und Wildkatzen in den Farben Rosa, Lila und Pink. Es gibt sie aber auch weiterhin im grünen und blauen Look für die Jungs.

TAMAGOTCHI

Das erste virtuelle Haustier zum Mitnehmen!

Foto: BANDAI NAMCO

„Mama, ich möchte ein Küken haben!"
„Ein echtes?"
„Nein, ein Tamagotchi!"

Solch eine Unterhaltung mussten in den 90ern wohl etliche Eltern mit ihren Kindern führen, denn die **Tamagotchis** waren damals der heiße Scheiß! Und das nicht nur für die kleinen Mädchen. Was 1995 mit den Computerspielen von Ubisoft begann, in denen man sich um seine virtuellen Katzen und Hunde kümmern musste, ging schon wenig später mit den **Tamagotchis** in einen riesigen Hype über. Ziel der japanischen Erfinderin (die übrigens ursprünglich Kindergärtnerin werden wollte) war es, Kindern eine günstige Variante zu bieten, ein Haustier zu halten, so ganz ohne Futter- und Tierarztkosten. Der Name „Tamagotchi" ist übrigens eine Kombination aus den japanischen Wörtern „tam-ago" (Ei) und „ouchi" (Uhr).

1996 wurden die Tamagotchi-Anhänger vom japanischen Konzern BANDAI (heute Teil von BANDAI NAMCO) auf den Markt gebracht, erschienen jedoch erst am 12. Mai 1997 zu einem Preis von 30 DM in Deutschland. Doch die Konkurrenz schlief auch in diesem Fall nicht. In der Zwischenzeit kamen nämlich schon zahlreiche günstigere Kopien heraus, die teilweise sogar noch mehr Funktionen hatten. Der Verkauf dieser kopierten Plastikeier wurde nach der Einführung des Originals durch dessen Lieferengpässe angeheizt. Doch Original bleibt nun mal Original. Ende 1997 hieß es dann: 15 Millionen verkaufte Exemplare weltweit (davon alleine zwei Millionen in Deutschland)! Kein Wunder, war das kleine Ei für die 90er-Jahre in seiner Einfachheit doch recht spektakulär. Ein kleines Display, das schwarze Pixel darstellte und dazu drei Knöpfe, die aus dem Plastikgehäuse (natürlich eiförmig) herausragten.

Sobald das Küken schlüpfte, waren wir für das digitale Wesen verantwortlich. Und das war nicht immer ganz einfach, oder? Das Küken wollte mal schlafen, dann wieder gefüttert werden, es wollte Spiele spielen und brauchte seine Mama, also uns, um seine Hinterlassenschaften zu entsorgen. Es meldete sich immer ganz beliebig und ohne Vorwarnung. Dann waren wir vor dem Display gefragt! Denn wenn man sich nicht richtig um sein Küken kümmerte, ist es verstorben. War es so weit, konnte man sein Küken auf einer eigens dafür konstruierten Website beerdigen – dem virtuellen Tamagotchi-Friedhof, der auch heute noch im World Wide Web existiert.

Aber zum Glück gab es dann ja noch den Resetknopf, der dafür sorgte, dass ein neues Küken schlüpfte, welches wir dann wieder bemuttern konnten. Doch der eigentliche Anreiz bestand natürlich darin, es gar nicht erst so weit kommen zu lassen, was damals mit Sicherheit ziemlich viele Lehrer auf die Palme brachte. In der allerersten Generation konnten die Küken nämlich schon innerhalb von Stunden versterben. Die Folge: Wir nahmen sie mit in die Schule. Übrigens gab es in den 90ern auch einen Song namens „Tamagotchi" (vom Eurodance Projekt Sqeezer), welcher bis auf Platz 55 der Charts kletterte. Der Küken-Hype klang nach dem Erscheinen einer zweiten Tamagotchi-Version allerdings auch recht schnell wieder ab.

Ausgestorben sind sie deswegen aber noch lange nicht. Heute gibt es sogar eine Tamagotchi-App für alle Smartphones. Und zum 20-jährigen Jubiläum im Jahr 2017 legte BANDAI NAMCO unser **Tamagotchi** wieder auf. Zwar 60 Prozent kleiner und zunächst nur in Amerika, aber immerhin ohne modernen Technik-Schnickschnack, also mit dem altbewährten LCD-Display der 90er-Jahre – ganz ohne Hintergrundbeleuchtung. Die Retro-Variante verkaufte sich sehr gut, weshalb man ein Jahr später bekannt gab, dass auch das Original von 1997 wieder in den Verkauf gehen wird. Willkommen zurück, **Tamagotchi**!

Fotos: BANDAI NAMCO

FURBY

Es war einmal ein kleines flauschiges Tierchen in den verrücktesten Farben!

Zur Feriensaison 1998 kam eine Revolution im Bereich „Elektronisches Spielzeug" nach Deutschland – **Furby**! Das kleine Eulentier wurde vom amerikanischen Unternehmen Tiger Electronics erfunden. Die 1978 gegründete Firma zog damit schnell das Interesse vom Spielzeughersteller Hasbro auf sich. Der kaufte Tiger Electronics und brachte die Entwicklung von **Furby** schnell voran. Mit großem Erfolg! 1998 und 1999 avancierte **Furby** zum beliebtesten Spielzeug weltweit! Doch was konnte unser **Furby** noch mal alles? Es war ein ziemliches Technikwunder. Denn durch insgesamt fünf verbaute Sensoren wusste es sofort, was es machen sollte.

Ein Sensor im Mund registrierte die Fütterung. Ein Lichtsensor war verbaut, damit es auch wusste, wann es Zeit zum Schlafen ist. Dazu zwei Bewegungssensoren im Bauch- und Rückenbereich, um festzustellen, ob es gestreichelt, gekitzelt oder in der Luft bewegt wird. Und ein Geräuschesensor, damit wir mit ihm reden konnten. Der verbaute Mikroprozessor sorgte dafür, dass **Furby** immer mehr dazulernte. Etwa 800 Wörter der Landessprache waren in ihm programmiert, die wir nach und nach freischalten durften. Wir hatten eine Menge zu tun! Zum Beispiel fleißig füttern und sich so oft wie möglich mit **Furby** beschäftigen. Doch Vorsicht beim versteckten Reset-Knopf! Damit hatte das Haustier nämlich plötzlich alles Erlernte wieder vergessen. Hat dieser Knopf auch dich damals verzweifeln lassen?

Außerdem sprach **Furby** noch weitere 200 Wörter in der Furby-Fantasiesprache. Doch Worte waren noch lange nicht alles. **Furby** gab jedoch auch andere Geräusche von sich. Es konnte singen, lachen, meckern oder rülpsen. Zudem war es in der Lage, seine Ohren wackeln zu lassen und seine Augen (inklusive Augenlider) sowie den Mund zu bewegen. Mit seinen kleinen Füßchen wurde es sogar zum Tänzer. **Furby** konnte zwar krank werden, jedoch nicht sterben (wie z. B. ein Tamagotchi-Küken). Was ein Glück für uns 90er-Kids! **Furby** besaß übrigens eine Infrarotschnittstelle, um mit seinen Artgenossen kommunizieren zu können (unter anderem, um sie sich gegenseitig Lieder vorzusingen). Doch durch diese Schnittstelle war es auch möglich, dass es einen anderen **Furby** mit einer Krankheit infiziert. Findige Technik-Freaks entwickelten deshalb eine Fernbedienung, um diese Funktion automatisch auszulösen, was damals bestimmt für die eine oder andere Schweißperle bei den Entwicklern sorgte. Der wahrscheinlich einzige Spielzeug-Virus der Geschichte war aber irgendwann vergessen, denn der Spaß an **Furby** stand weiterhin an erster Stelle. Irgendwie hatte doch jeder einen, oder? **Furby** gab es damals übrigens für 119 DM! Der Wucherpreis, welcher natürlich mit der enormen Technik einhergeht, konnte die 40 Millionen Käufer trotzdem nicht aufhalten. Bereits im Erscheinungsjahr 1998 hatte Hasbro 10 Millionen Dollar Gewinn mit ihnen erzielt.

Durch die Überpräsenz fiel **Furby** auch irgendwann dem Produzenten Mike Finnell und Regisseur Joe Dante auf, die zusammen „Gremlins" machten (Teil 2 des Kult-Films erschien 1990, also acht Jahre zuvor). Sie wussten sofort, dass man das Furby-Design von ihren kleinen Monstern abgekupfert hatte, und leiteten alles an Warner Bros. weiter. Die sorgten dann für einen Rechtsstreit, obwohl Hasbro bereits langjähriger Partner von ihnen war. Das Ergebnis: die Zahlung einer siebenstelligen Summe an das Studio. Aber halt mal! Gab es nicht auch einen Mogwai-Furby? Richtig! Dieser erschien mit Armen und Beinen im Jahr 1999 und wurde weltweit 250.000-mal verkauft. Sicher kein schlechtes Geschäft für beide Parteien, die nun wieder Partner waren. Verrückte Welt! Und wer noch einen auf dem Dachboden hat: nicht vergessen – niemals ins Sonnenlicht, nicht mit Wasser in Berührung bringen und NIE, absolut NIE nach Mitternacht füttern! Oder vielleicht doch, denn man kann mit gut erhaltenen Exemplaren ordentliche Preise erzielen.

1999 erblickten auch die Baby-Furbys das Licht der Welt. Sie waren kleiner und hatten eine deutlichere Sprachausgabe, allerdings keine Füße, weshalb sie auch nicht tanzen konnten. Heute gibt's **Furby** immer noch – natürlich modernisiert (z. B. mit Bluetooth anstelle von Infrarot).

Noch ein Fun-Fact am Ende: Berichten zufolge hat die National Security Agency (NSA) ihren Mitarbeitern und Besuchern damals streng verboten, **Furby** mit in ihre Gebäude zu nehmen, da sie Angst hatten, es könnte benutzt werden, um sie auszuspionieren und ihre Gespräche aufzuzeichnen. NSA ... Abhören ... War da nicht mal was?

MAGIC: THE GATHERING

DAS BELIEBTESTE 90ER-KARTENSPIEL!

Foto: © 2022 Hasbro Nutzung mit Zustimmung des Rechteinhabers.

1993, als das World Wide Web kostenlos für die Öffentlichkeit freigegeben wurde, griff auch das Sammelfieber um sich. Fünf Farben, fünf Elemente. Das sind die Grundbausteine des MAGIC-Kartenspiels, das den Zusatz „The Gathering" trägt. Am Anfang bekam das Spiel mit „Die Zusammenkunft" auch die deutsche Variante des Titelzusatzes verpasst, der aber auch schon recht bald wieder wegfiel. Spieleentwickler Richard Garfield ist der Schöpfer der beliebten Karten. Seine Intention war es, mit ihnen die Pausen der Spieler des Rollenspiel-Klassikers „Dungeons & Dragons" zu füllen, welcher im deutschsprachigen Raum bereits 1983 erschien. Doch aus **MAGIC: The Gathering** wurde weitaus mehr.

Richard Garfield erschuf ein Spiel, das um die Welt ging und den Vorreiter für Pokémon, Yu-Gi-Oh und viele andere bildete. Zunächst bot er dem Unternehmen Wizards of the Coast allerdings ein anderes Spiel an, das er entwickelte. Doch dieses war zu teuer in der Produktion, weshalb er eine Absage erhielt. Im zweiten Anlauf brachte er **MAGIC** ins Spiel und bekam schließlich den Zuschlag. Ein lohnender Deal für beide Seiten! Millionen von Karton-Karten wurden anschließend verkauft und es regnete Branchen-Preise für das Spiel. Im April 1999 erschien die bereits sechste Version, die du oben auf dem Foto abgebildet siehst. Mit dieser 350 Karten umfassenden Ausgabe wurde auch das Regelwerk komplett neu gestaltet und die Kartentexte wurden angepasst.

Fortan wollte jeder ein Zauberer sein und mit seinem Deck die Freunde besiegen. Ziel des Kartenspiels ist es nämlich, die Lebenspunkte des Gegners mithilfe der eigenen Monsterkreaturen und Energiekarten zu reduzieren. Allerdings gilt das Regelwerk als sehr umfangreich. Kein Wunder, es gibt ja auch immerhin schon über 17.000 verschiedene Karten! Im Jahr 1999, als schon weit mehr als zwei Milliarden Karten über die Ladentheken gingen, kaufte Hasbro das Unternehmen Wizards of the Coast (in dem Erfinder Richard Garfield im Laufe der Zeit übrigens auch zum Teilhaber wurde) für angebliche 325 Millionen Dollar auf und vertreibt das Kartenspiel bis heute! Zwischen 2008 und 2016 druckten sie über 20 Milliarden Karten. Würde man diese aneinanderreihen, ergäbe sich eine Strecke von 1,7 Millionen Kilometern, also 4,6-mal zum Mond und zurück. Einfach unfassbar!

Eine der wertvollsten Karten stammt übrigens aus dem sogenannten Alpha-Set des Jahres 1993 – der „Schwarze Lotus" („Black Lotus"). Dieser wurde nur 1.100-mal gedruckt, ist somit sehr selten. Er gehört zu den „Power Nine", den mächtigsten Karten des gesamten Spiels, und darf heute nur noch in einem Vintage-Modus gespielt werden. Gehandelt wird die Karte im perfekten Zustand für mehrere Zehntausend Dollar, was in der Vergangenheit schon häufig für mediale Aufmerksamkeit sorgte. Zum Beispiel öffnete ein Spieler bei einer Veranstaltung im Jahr 2018 ein noch original verschweißtes Booster Pack aus den 90ern und entdeckte jene Karte darin. Jackpot!

Ebenfalls 2018: Zum 25-jährigen Jubiläum von **MAGIC** erschien mit „Dominaria" eine Edition, die sich auf die erste Welt des Kartenspiels bezieht. Wir können uns also sicher sein, dass in Zukunft noch viele weitere Generationen mit dem Sammelfieber infiziert werden!

BRAVO-TRAUBE

Ein herrliches Gesellschaftsspiel – Traubenmassaker inklusive!

Foto: © 2022 Hasbro Nutzung mit Zustimmung des Rechteinhabers.

Dieses Spiel hat in den 90ern die Kinderherzen höherschlagen lassen und für zahlreiche lustige Momente gesorgt. **BRAVO-TRAUBE** erschien 1993 beim Spielzeughersteller Hasbro zum Preis von 45 DM. Auf den Verpackungen war zwar das Logo PARKER zu sehen, was ein Hinweis auf das Unternehmen Parker Brothers war, das bereits seit Ende des 19. Jahrhunderts bestand und Ursprung von Spielen wie Monopoly, Cluedo oder Risiko ist, doch Parker Brothers wurde ab 1968 dreimal verkauft, zuletzt an Hasbro im Jahr 1991, die die Marke jedoch erhielten und mit ihr unter anderem auch **BRAVO-TRAUBE** veröffentlichten. „Bravo, bravo, die Trauben sind so weit. Quietsch, Quatsch, Traubenmatsch, Du machst sie alle breit. Sie wollen flieh'n, sie wollen flieh'n, doch keine kann sich dir entzieh'n! **BRAVO-TRAUBE**, das ist schön. Das wollen wir jetzt spiel'n!" – so hieß es in dem legendären Werbespot, der alle Kinder ab fünf Jahren heiß auf das Spiel machte. Das Besondere daran: Die Spielfiguren (Trauben) konnte man sich selbst machen! Hierfür gab es eine Plastik-Pressform mit zwei Hälften sowie die Play-Doh-Knete in vier Farben (Gelb, Blau, Rot und Weiß), sodass man für alle vier Mitspieler jeweils eine Spielfigur pressen konnte.

Man nahm einfach die Knete aus dem kleinen Döschen, packte sie in die eine Hälfte des blauen Pressförmchens und dann drückte man die andere Hälfte oben drauf. Es gab ein großes Spielfeld, auf dem nun jeder Spieler versuchte, mit den Trauben etliche Felder und die Konkurrenz hinter sich zu lassen. Wenn da nicht die fiesen Plastik-Gerätschaften gewesen wären, die uns immer davon abhielten, bis zum Ziel durch zu sausen. Erschien jedoch auf dem Würfel keine Zahl, sondern ein Drehsymbol, musste man die Maschinerie zum Laufen bringen. Pech gehabt, wenn die eigene Traube zu diesem Zeitpunkt auf einem der vier verschiedenen Fallen-Feldern stand. Dann wurde sie nämlich entweder von einer Walze plattgemacht, von einer Schere durchschnitten, zersägt oder einfach zerquetscht.

Im Nachhinein kann man aber auch erwähnen, dass die Plastikvorrichtung ziemlich instabil war und einzig die Schere wirklich problemlos funktionierte, sodass man bei den Fallen auch mal selbst Hand anlegen musste. Aber genau das war ja der größte Spaß am Spiel! Einen weiteren Nachteil brachte die Knete mit sich. Ließ man sie nämlich zu lange stehen, weil man sich vielleicht mit einem der anderen Spielzeuge oder Gesellschaftsspiele der 90er beschäftigte, trocknete sie aus und wurde krümelig, was natürlich nicht so brillant war. Aber wir haben dann trotzdem weitergespielt oder die Mama gebeten, uns einfach mal neue Play-Doh-Knete mit diesem einzigartigen Geruch zu besorgen.

Geliebt haben wir **BRAVO-TRAUBE** jedenfalls alle und blicken gerne zurück auf unsere Knet-Trauben und den Spaß, den wir damals hatten!

HÖRSPIEL-KASSETTEN

JEDEN ABEND ZUM EINSCHLAFEN!

HEX!-HEX!

1995

Foto: KIDDINX Media GmbH

Wahrscheinlich kann kein 90er-Kind behaupten, es hätte nie Hörspiele gehört. Jeden Abend oder vor dem Mittagsschlaf musste die Kassette gewechselt, umgedreht oder zurückgespult werden. Es gab extra Kassettenkoffer, die teilweise sogar mit Stoff überzogen und manchmal auch mit Motiven bedruckt waren. In die sortierten wir unsere geliebten Hörkassetten allesamt sorgsam ein. Zwei unserer Lieblingsreihen waren natürlich **„BiBi BLOCKSBERG"** und **„Bibi und Tina"** mit dem Kult-Spruch: *„Eene meene mei, flieg los, Kartoffelbrei. Hex-hex!"* Die Abenteuer von **„Bibi und Tina"** sind bis heute unglaublich beliebt. Kein Wunder, geben wir die Tradition inklusive Amadeus und Sabrina doch gerne an die nächste Generation weiter! Die Hörspielkassetten-Designs haben sich im Laufe der Jahrzehnte übrigens ganz schön verändert.

1983

1986

2005

Fotos: KIDDINX Media GmbH

Außerdem kann bestimmt jeder noch die Anfangsmusik von **„Benjamin Blümchen“** mitsingen. Sicherheitshalber hier mal der Text:

> *„Töröö! Benjamin, du lieber Elefant, kannst sprechen und bist überall bekannt. (Töröö!) Benjamin, wir woll'n dich gerne seh'n, wir fragen uns, was wird wohl heut' gescheh'n. Benjamin Blümchen – deine Welt ist schön! Benjamin Blümchen – wir wollen mit dir gehn! Benjamin Blümchen – wir sagen „Hallo!“. Wir sind deine Freunde, wir lieben dich so! Benjamin, ja deine Welt ist schön. Benjamin, wir freu'n uns dich zu seh'n. Wir lieben dich (Töröö!) – Benjamin Blümchen!“*

Besonders legendär war natürlich immer Karla Kolumna, die rasende Reporterin! Und auch das Kassetten-Design von **„Benjamin Blümchen“** hat sich im Laufe der Jahrzehnte verändert. Auf den ersten Fotos siehst du die Cover der 70er und 80er und Nr. 3 zeigt die moderne Variante.

TÖRÖÖÖ!

Fotos: KIDDINX Media GmbH

Geliebt haben wir auch das Disney-Hörspiel **„Chip und Chap – Die Ritter des Rechts“**. Die zwei Streifenhörnchen dürften unseren Eltern sicher noch sehr gut als A-Hörnchen und B-Hörnchen in Erinnerung sein. Uns haben sie nach den 22 Minuten im Fernsehen auch noch vor dem Einschlafen mit ihren piepsigen Stimmen und dem Titelsong glücklich gemacht.

„Asterix und Obelix“ waren ebenfalls Dauergäste in unseren Kassettenspielern. Die Geschichten von **„Arielle, die Meerjungfrau“** liebten vor allem die Mädchen. Und **„ALF“**, der Außerirdische, der bei Familie Tanner Unterschlupf findet und am liebsten fernsieht, faulenzt und isst, gehörte auch dazu. Schließlich kannten wir die Figuren ja aus dem Fernsehen!

Spannend wurde es mit **„Die drei ???“** oder den Fällen von **„TKKG“** – wie haben wir doch mitgefiebert und mitgerätselt! Die Geschichten von **„Die drei ???“** erscheinen übrigens heute noch auf Hörkassette – und zwar als einzige Hörspiel-Reihe weltweit!

„Fünf Freunde“ nahmen uns mit zu den tollsten Orten. Natürlich fanden wir es immer besonders schön, wenn der Hund Timmy vorkam.

Bei **„Hanni & Nanni“** im Internat war ebenfalls immer etwas los, stimmt's?
„Hui Buh, das Schlossgespenst“ war noch lange nicht so gruselig wie der **„Geisterjäger John Sinclair“**, das eher etwas für die Jugendlichen war, genau wie **„Knight Rider“** und **„Masters of the Universe“**.

Die Jüngeren hingegen hatten ihren Spaß in den 90ern auch mit den Hörspielen von **„Die Simpsons“**, **„Alfred J. Kwak“**, **„Flitze Feuerzahn“** und **„Otto's Ottifanten“**.

Foto: picture alliance / dpa / Wolfram Kastl

SNACKS & GETRÄNKE

Wahrscheinlich wurde kein anderes Jahrzehnt so sehr mit neuen Snacks und süßen Getränken überflutet wie die 90er. All die unwiderstehlichen Leckereien haben unser Leben damals dauerhaft bestimmt. Im TV gab es ständig neue Werbespots mit verführerischen Leckereien, die wir unbedingt haben mussten. Manche Snacks & Getränke gibt es heute leider nicht mehr. Wir denken deshalb nur zu gerne zurück an die Zeit, in der wir unsere Junior-Tüte öffneten, bevor es ins Bällebad ging. Oder als wir an den Baby Bottle Pops nuckelten, weil die Candy Ringe zu langweilig wurden und sowieso schon unzählige der übrig gebliebenen Plastikringe nutzlos im Schrank lagen. Auch Raider musste (zumindest namentlich) weichen. Andere geliebte Snacks sind hingegen immer noch – oder wieder – auf dem Markt und erfreuen sich auch bei der heutigen Generation einer nicht abreißenden Beliebtheit. Also schmeiß einfach mal Ini Kamoze mit „Here Comes The Hotstepper" an, schleck an einem Monster Wunderball und genieße die Flashbacks beim Betrachten der folgenden Snacks und Getränke der 90er-Jahre!

McDONALD'S JUNIOR-TÜTE

DIE JUNIOR-TÜTE! NIX FÜR ERWACHSENE!

Foto: McDonald's Deutschland

„Mama, Papa – Mces!" – das haben mit Sicherheit alle Eltern schon einmal gehört, wenn sich in der Ferne ein großes gelbes „M" auftat. Der Grund bei uns 90er-Kids war natürlich die **Junior-Tüte**! Eine braune oder weiße Papiertüte, die mit dem bunten McDonald's-Clown bedruckt war. Seinen Ursprung hat die **Junior-Tüte** (wie so ziemlich alles bei McDonald's) in Amerika. Dort entstand sie in den 70ern als Teil des Konzepts „McDonaldland Fun-To-Go". 1979 wurde das allererste Happy Meal verkauft. Dann dauerte es jedoch erst mal noch einige Zeit, bevor auch die deutschen Kids beglückt wurden. *„Junior-Tüte! Nix für Erwachsene!"* hieß es schließlich zum Start im Jahr 1988. Ein Jahr später lief dann auch die erste Fernsehwerbung, die man heute noch auf YouTube („McDonald's Safaribecher 1989") finden kann. So viel zum Ursprung, aber was genau steckte alles in der **Junior-Tüte** der 90er?

Zunächst gab es nur eine schlichte Auswahl. Ein Hamburger, eine kleine Portion Pommes Frites und ein Erfrischungsgetränk oder O-Saft. Ab 1993 konnte man sich statt des Hamburgers die beliebten Chicken McNuggets in die Tüte legen lassen. Auch ein Cheeseburger stand bald zur Auswahl. Ach ja … da wäre noch etwas. Das Allerwichtigste – unser Spielzeug!

Waren wir nicht die überglücklichsten Kinder, wenn wir die große Plastiktüte mit dem wertvollen Inhalt in der Hand hielten und aufreißen konnten? Wer die aktuellen Spielzeuge mal nicht so dufte fand und einen richtig netten Mitarbeiter erwischte, durfte sogar in die große Kramkiste (oder auch „Schatztruhe") greifen, in der noch die übrig gebliebenen Spielzeuge der letzten Wochen und Monate schlummerten. Gesammelt haben wir in den 90ern besonders jene Figuren und Plüschtiere, die durch damalige Kinofilme oder die begleitende McDonald's-TV-Werbung schon längst Kultstatus erlangt hatten.

Ob Furby als Anhänger, Snoopy-Figuren oder die beliebten Helden aus den Disney-Filmen „Dschungelbuch", „101 Dalmatiner", „Micky und ihre Freunde", „Pocahontas", „Aladdin", „Der Glöckner von Notre Dame", „Toy Story", „Mulan", „Hercules", „König der Löwen", „Peter Pan", „Das große Krabbeln" oder „Tarzan" – sie alle waren Teil unserer Lieblingstüte. Und was mussten unsere Eltern für die Tüte hinlegen? Um die 5,50 DM. Im April 1999 war dann jedoch leider Schluss für unsere geliebte **Junior-Tüte**. Zugegeben, nicht ganz! Lediglich die Tüte verschwand. Ersetzt wurde sie durch eine rote Box aus Pappe. Und der Name änderte sich dementsprechend auch. Der Konzern etablierte nämlich weltweit „Happy Meal" als einheitliche Marke. Heutzutage haben die Kids bei dem Inhalt sogar noch mehr Auswahl. Anstatt der Pommes gibt's nun auch einen Snack-Salat und beim Getränk kann man zum Beispiel auf eine kleine Biomilch zurückgreifen. On top erhält man entweder ein Fruchtmus, eine Tüte Äpfel oder gar ein Wassereis. Als Alternative zum Spielzeug darf man übrigens auch ein Buch wählen, mit dem McDonald's gleichzeitig 10 Cent an eine gemeinnützige Organisation spendet.

BENJAMIN-BLÜMCHEN-TORTE

BEI JEDEM KINDERGEBURTSTAG WAR UND IST SIE MIT AM START!

Foto: Conditorei Coppenrath & Wiese/www.coppenrath–wiese.de

Aufgrund der genialen Werbung, in der unser Hörspielkassetten-Held Benjamin Blümchen in der Conditorei Coppenrath & Wiese zu Gast war, hatten unsere Eltern keine Wahl mehr: Sie mussten uns für jeden Kindergeburtstag die **Benjamin-Blümchen-Torte** besorgen! 1996 kam die erste **Meistertorte Benjamin Blümchen** in den Handel – damals zum Preis von ca. 10,30 DM. Sofort wurde sie ein Renner, verkaufte sich eine Million Mal pro Jahr. Bis 2021 waren es über 28 Millionen verkaufte Benjamin Blümchen-Torten.

Und das ist kein Wunder! Hat sich doch Coppenrath & Wiese ein äußerst lukratives Werbegesicht (oder wie man heute sagt: Testimonial) ins Haus geholt. Immerhin war der liebe Elefant, der 1977 das Licht der Welt erblickte, schon damals ein absoluter Star und verkaufte im Laufe von vier Jahrzehnten unfassbare 65 Millionen Hörspiele.

Jede **Meistertorte Benjamin Blümchen** wird von der Conditorei Coppenrath & Wiese in Deutschland hergestellt – und zwar ganz ohne Konservierungsstoffe. Für die Kids zählt wohl vor allem die fruchtige Erdbeer-Sahne in Kombination mit der Schoko-Sahne, garniert mit lustigen Sahnetupfern, buntem Zucker-Konfetti und einem Benjamin-Blümchen-Gesicht in der Mitte.

Und dann gibt es da ja noch die Benjamin-Blümchen-Sammel-Figur, die selbstverständlich das Geburtstagskind erhält. Ist doch klar, oder?

Die Torte, die von vielen auch einfach nur Törööö-Torte genannt wird, kostet heute in der unverbindlichen Preisempfehlung ca. 5,50 Euro und erfreut sich immer noch großer Beliebtheit. Viele Erwachsene, die sie noch aus der eigenen Kindheit kennen, kaufen die Kult-Torte weiterhin – und das nicht nur, wenn Kinder an der Geburtstagstafel sitzen! Aber natürlich kann man sie nicht sofort nach dem Einkauf verspeisen. Sie benötigt nämlich etwa drei bis vier Stunden, um aufzutauen! Danach heißt es dann aber: „Guten Appetit!"

Foto: Conditorei Coppenrath & Wiese/www.coppenrath-wiese.de

KOALA KAKAO

JEDE MENGE KOALAS UND NATÜRLICH AUCH ETWAS ZUM SPIELEN.

Fotos: Kuchenmeister

Begonnen hat die Geschichte der Koala-Kekse 1988. Im besagten Jahr erschien der beliebte Snack zum Preis von 1,99 DM in den Regalen der Supermärkte – **KOALA Kakao** war geboren! In der ersten Serie gab es sechs verschiedene Koala-Figuren in jeweils neun verschiedenen Farben. Das regte natürlich die Sammelleidenschaft an. Bald wollte jeder von uns beim nächsten Einkauf eine neue Packung haben! Wenige Jahre später waren die Koalas nicht mehr komplett einfarbig. Sie wurden grau wie echte Koalas und erhielten Nasen und blaue Augen. Außerdem kamen immer mehr Freunde hinzu, ein großes Spielfiguren-Abenteuerland entstand! Zauberschule, Bauernhof und Zirkus sind nur drei der vielen Aktionstitel mit anderen Figuren, die über die Jahre aufgelegt wurden, um den Verkauf anzukurbeln.

Und was war sonst noch in der kunterbunten Verpackung? Na klar, 75 Gramm leckere Kekse. Um genauer zu sein, ein leichtes Gebäck mit einem Koala-Aufdruck, in das eine Kakaocreme oder alternativ eine Milchcreme eingefüllt wurde. Da gab es für uns 90er-Kids natürlich kein Halten mehr und – schwups – waren sie verputzt! Im Anschluss konnten wir uns dann unserer Sammlung widmen und die Figur neben den anderen Koalas im Sammelkasten aufstellen. **KOALA Kakao** und auch die Koalas mit Milchcremefüllung sind heute immer noch erhältlich! Auch auf Social Media sind die Koala-Kekse mittlerweile kleine Stars und unter @koalakekse zu finden. Einst ein Produkt von Schöller, veränderte sich auch bei späterer Übernahme durch die Kuchenmeister GmbH nichts an der Rezeptur.

FRUFOO

UNSER GELIEBTER FRUCHTQUARK VON ONKEN!

Welches Kind liebte ihn nicht? Den Quark im Ufo-Becher mit Weltraum-Figürchen, der 1994 vom Familienunternehmen Onken als „Innovation aus Milch" auf den Markt gebracht wurde. Erst Erdbeere und Banane, dann auch Himbeere. Für jeden Geschmack war etwas dabei! Mit Calcium, Vitaminen und Traubenzucker, wie der Aufdruck verriet. Zunächst hieß unser geliebter Kinderquark übrigens **FRUFOS**, was dann jedoch schnell geändert wurde. Über die beigepackten Zettel empfahl man uns die Ufo-Becher als Frisbee, Sammelbox, Boot oder Maltopf. Allerdings

gab's unseren **FRUFOO** nicht nur im Becher, sondern auch als kleine Pralinen in Ufo-Gestalt mit einem Schokoladenmantel und leckerer Füllung. Wahlweise in den Sorten Erdbeere oder Himbeere. Im Internet kursieren heute zahlreiche Selbstmach-Rezepte für die leckeren Schoko-Pralinen. Schon ausprobiert?

Auch als Joghurt war **FRUFOO** bald erhältlich. Und er wurde nicht umsonst „Der verrückte Joghurt" genannt. Neben Waldmeister konnten wir nämlich auch die extravaganten Sorten Erdbeere mit Bonbon-Geschmack, Früchtemix mit Fruchtgummi oder auch Orange mit Lolly verspeisen.

Fotos: Onken / Emmi Deutschland GmbH

Doch zurück zum Kinderquark in Ufo-Form. Besser gesagt: zum runden Mittelfach. Neben Weltraumheld Fruci und seiner Familie machten es sich in den Plastikkapseln z. B. die Space-Cars gemütlich. Weihnachtsmann und Osterhase sowie Sticker und kleine FRUFOO-Geschichten sorgten für genügend Abwechslung in den Quarkbechern und den Schoko-Ufo-Verpackungen.

Doch auch die Spielzeug-Vielfalt konnte **FRUFOO** leider nicht retten. Onken stellte die Produktion im Jahr 2004 ein. Begründet wurde dies mit sinkendem Absatz und hohem Produktionsaufwand, jedoch gab es damals auch Stimmen, die den eigentlichen Grund im zu hohen Fett- und Zuckergehalt sahen. Vielleicht war's am Ende ja auch beides. Jedenfalls kaufte die Oetker-Gruppe das wirtschaftlich angeschlagene Unternehmen Onken im Jahr 2004 auf und 2011 übernahm dann die Schweizer Milchverarbeiterin Emmi alle Markenrechte samt **FRUFOO**. Für eine erneute Produktion ging damit trotzdem kein grünes Licht an. Die Folge: unzählige Online-Petitionen von FRUFOO-Fans. Zunächst bedankte man sich seitens Emmi im Jahr 2012 für das Fan-Interesse, schmetterte aber gleichzeitig alle Bemühungen ab. Die Begründung: Die FRUFOO-Produktionsmaschinen existierten nicht mehr und der Aufwand für eine Neuanschaffung sei zu hoch.

Doch auch nach dieser Bekanntmachung riss das Interesse und Engagement der Fans nicht ab. In den folgenden Jahren kursierten immer wieder Falschmeldungen bezüglich möglicher Comebacks. Im Sommer 2019 dann die große Meldung: **FRUFOO** kehrt zurück! Pünktlich zum 25. Geburtstag des Kinderquarks landete Fruci mit seinem Raumschiff ab Oktober des besagten Jahres im Kühlregal. *„So wie früher und doch ganz neu"* war der Slogan zur limitierten Markteinführung mitsamt neuer Verpackung und verbesserter Rezeptur. Auf die Spielfiguren wurde beim neuen **FRUFOO** zugunsten der Umwelt verzichtet. Stattdessen gibt es nun Bastelideen, mit denen die Kids aus der Verpackung eine galaktische Rakete oder lustige Alien-Figuren bauen können.

Der neue **FRUFOO** polarisierte! Viele Fans freuten sich über die Rückkehr im neuen Look, andere wiederum fordern weiterhin die originalen FRUFOO-Produkte von früher. Es bleibt abzuwarten, wie die kunterbunte Zukunft von **FRUFOO** aussehen wird!

Fotos: Onken / Emmi Deutschland GmbH

KÄPT'N KUCK

GLEICH NEBEN FRUFOO IM KÜHLREGAL – KÄPT'N KUCK, DER 90ER-JOGHURT!

Foto: DMK Deutsches Milchkontor GmbH

Käpt'n Kuck war sozusagen der große Halbbruder des Kinderquarks von Onken. Seine Geschichte begann schon recht früh in den 90ern. Die Privatmolkerei Borgmann entwickelte **Käpt'n Kuck** im Jahr 1992 und brachte ihn uns anschließend ins Kühlregal. **Käpt'n Kuck** hatte ebenfalls einen Weltraum-Astronauten-Stil, allerdings war es kein Quark, sondern ein Joghurt „Kinderjoghurt mild mit Fruchtzubereitung, Calcium und Vitaminen" war auf den Bechern zu lesen. Der Joghurt wurde zum Renner schlechthin und auch das Exportgeschäft ließ nicht lange auf sich warten. In England war **Käpt´n Kuck** beispielsweise als „Capt´n Borg" und in den Niederlanden als „Capitaine Kado" erhältlich. Den Käpt'n-Kuck-Joghurt gab es in den Geschmackssorten Erdbeere, Banane und Himbeer (Letztere wurde später übrigens durch Multifrucht ersetzt).

Wegen des enormen Erfolgs produzierte die Privatmolkerei viele weitere Kuck-Produkte. So zum Beispiel einen Quark mit Halbfettstufe im weißen Becher (gab es jedoch nicht besonders lange), die Käpt'n-Kuck-Puddingspeise (Götterspeise mit Molke) in den Geschmacksrichtungen Himbeer, Kindercola, Waldmeister und Multifrucht sowie Käpt'n Schoko mit Mohrenkopf, Käpt'n Taler mit einer Waffel und von 1998 bis 2001 Fruchtikus (der war eigentlich genau wie **Käpt'n Kuck**, hatte nur ein anderes Becher-Design). Aber wenn wir ehrlich sind, war der eigentliche Grund, warum wir **Käpt'n Kuck** unbedingt haben wollten, nicht der Joghurt, sondern die Aufschrift: *„In jedem Becher ist ein Spielzeug / Geh' auf Schatzsuche!"* Hatten wir nämlich erst einmal die bunte Deckelfolie abgezogen, erblickten wir stets etwas Tolles zum Spielen oder Sammeln. Und da kamen über die Jahre so einige Sachen zusammen! Es gab zum Beispiel Puzzles, Magnete, Aufkleber, im Dunkeln leuchtende Sticker, kleine Spielchen, Flummis, Zaubertricks, Jo-Jos, Kreisel, kleine Holzautos und Eisenbahnen, Mini-Dia-Projektoren („TV-Star" – kleine Bildchen der Figuren waren zu sehen und man konnte sie per Knopfdruck wechseln lassen) sowie unzählige andere kleine Spielzeuge. Oder eben eine Spielfigur (Jackpot!). Alles immer stilecht eng eingeschweißt!

Bei den Figuren begann man mit grünen Aliens, die die Hauptpersonen der Serien waren und allesamt eine Knollnase und zwei Antennen auf ihren Köpfen trugen und so auch auf den Bechern abgebildet wurden. Schon 1995 bekamen die Aliens allerdings hautfarbene Gesichter, was gleichzeitig für die einzige jemals geschaltete Käpt'n-Kuck-Werbung sorgte. Mit den Jahren entstand eine große Vielfalt bei den Figuren und das Design wurde auch immer wieder von Großereignissen inspiriert. Pünktlich zu den Olympischen Sommerspielen 1996 tauchten in unserem Joghurt zum Beispiel sportliche Kühe auf. Arbeiter, Ritter, Schule, Freund & Helfer, Familie, Fahrzeuge, Pflanzen, noch mehr Tiere, Freunde, Gebäude, es war so vieles dabei … 1995 gab es sogar Figuren der Familie Feuerstein. Man versuchte alles, um uns immer wieder mit neuen Themen zu überraschen, was letztendlich ja auch gelang, oder? Übrigens machte man uns hin und wieder mit kleinen Hinweisen auf den Beschreibungen darauf aufmerksam, dass die Figuren handbemalt seien.

Anfang der 2000er erhielt unser **Käpt'n Kuck** mit Hilfe von Computertechnik ein richtiges Jungs-Gesicht. Auf den Bechern düste er von nun an als echter Astronaut durchs All. Plötzlich wirkte alles nicht mehr wie eine Comic-Cartoon-Zeichnung. Das neue Design hatte allerdings auch einen Auslöser, denn 2002 wurde die Privatmolkerei Borgmann von der Humana Milchunion eG aufgekauft. Diese führte **Käpt'n Kuck** unter der Marke „Ravensberger" weiter.

Eine neue Rezeptur sowie ein kompletter Relaunch der Figur (u. a. im Wikinger-, Sindbad- und Western-Design) folgten schon bald. Man druckte **Käpt'n Kuck** zweitweise sogar auf den Etiketten der Ravensberger-Schulmilch ab. Während in den ersten Jahren nach dem Millennium noch unglaubliche sechs Millionen Stück jährlich abgesetzt wurden, ging die Nachfrage immer weiter zurück, weshalb die Humana Milchunion **Käpt'n Kuck** Ende 2008 einstellte. Der Preis für einen Käpt'n-Kuck-Joghurt lag zuletzt übrigens bei etwa 59 bis 69 Cent.

Genaue Informationen über **Käpt'n Kuck** herauszufinden war gar nicht so einfach, denn viele Aufzeichnungen sind schlichtweg nicht mehr vorhanden, da das digitale Zeitalter damals ja noch in den Kinderschuhen steckte. Man nutzte andere grafische Verfahren, weswegen nur ganz wenige Aufzeichnungen digital abgespeichert wurden. Glück für alle 90er-Fans, dass Mitarbeiterinnen der ehemaligen Humana Milchunion (heute DMK – Deutsches Milchkontor GmbH) im Jahr 2017 für unser Buch in die tiefsten Tiefen des Archivs abgetaucht sind, damit die Nachwelt so viel wie möglich von der Käpt'n-Kuck-Geschichte erfährt.

DAS BOTINCHEN

WIE WÄRE ES MIT EINEM EIS, DAS UNS IN ERINNERUNGEN SCHWELGEN LÄSST?

Foto: bofrost* Dienstleistungs GmbH & Co. KG

Das bis heute allseits beliebte **Botinchen** gibt es nur bei bofrost*. Und das seit 1979. Allerdings hieß es damals noch „bo*frostinchen" und hatte auch noch keinen Hut und keine Kaugumminase. In den 90ern hingegen sah das **Botinchen** dann schon genau wie heute aus. Im Grunde ist es ein Fürst-Pückler-Eis (Bourbonvanille, Schokoladen- und Erdbeereiscreme) an einem Holzstiel mit einem lustigen Gesicht. Die rosa Augen und der rosa Mund lassen jedes Kinderherz höherschlagen. Außerdem hat das **Botinchen** eine Schokohaube und – nicht zu vergessen – eine Kaugummi-Nase, entweder grün oder rot. Letztendlich war es immer eine Überraschung, welche Farbe man erwischte, denn die Verpackung lieferte vorher keinen Aufschluss darüber. Mittlerweile wurde die Rezeptur weiterentwickelt, sodass das gerade bei Kindern beliebte Eis noch besser zu einer ausgewogenen und kindgerechten Ernährung passt. Geschmacklich ist es nun etwas weniger süß und hat eine echte Milchschokolade als Haube. Zudem ist das **Botinchen** etwas kleiner und damit schöner ausgeformt. Unverändert ist aber seit jeher das besondere Botinchen-Gefühl.

Aufgrund der enormen Beliebtheit gab es von März 2014 bis Februar 2015 sogar mal eine Botinchen-Torte bei bofrost*! Aber was schätzt du denn … wie viele **Botinchen** am Stiel in den 90ern von den Deutschen geschleckt wurden? Dieses Geheimnis dürfen wir hier an dieser Stelle lüften. Es waren insgesamt 58.527.488 (jawohl – über 58 Millionen Botinchen am Stiel) im Zeitraum von Januar 1990 bis Dezember 1999. Unglaublich oder?

Bis November 2021 kamen noch einmal gut 59,5 Millionen verkaufte Stück hinzu. Damit zählt das Botinchen wohl zweifelsfrei zu den beliebtesten Gesellen der Tiefkühltruhe. Heute ist das Paket mit 12 Botinchen für 6,95 Euro erhältlich. Im Vergleich: 1995 erhielt man ein Botinchen-Eis für 81 Pfennig, die Großpackung mit 16 Stück für 12,90 DM. **Botinchen** gibt es übrigens in neun europäischen Ländern zu kaufen. Neben Deutschland können sich auch die Menschen in Österreich, der Schweiz und Frankreich (dort heißt das Eis ebenfalls Botinchen), aber unter anderem auch in Belgien und den Niederlanden („Clowntjes" wird es da genannt) über das Eis von bofrost* freuen. Und weil das lachende Clownsgesicht beliebt ist wie eh und je, wird es wohl auch noch viele weitere Jahre im bofrost*Sortiment bleiben und uns 90er-Kids erfreuen!

ICE ICE BABY

DU WILLST NOCH MEHR 90ER-EIS??? KEIN PROBLEM, KANNST DU HABEN!

Da wäre zum Beispiel das damals so beliebte **Sky** für 1,50 DM. Eine Eiskrem (90er-Schreibweise) in einem Riegel, der von Schokolade umschlossen war und in der Mitte einen Luftschokoladen-Kern verbarg. Dieses Eis von Langnese begleitete uns von 1990 bis 1996. In den Jahren 1992 bis 1994 war es auch in einer Kokos-Variante erhältlich und 1995 konnte man alternativ die Sorte Erdbeere probieren. Einfach göttlich, oder? Leider verschwand es anschließend von den Langnese-Eiskarten. Comeback möglich? Wer weiß! Hören und singen wir einfach so lange den Song „Sky" von Sonique. *„Uh uh. I Wanna touch the Sky, I wanna fly so high!"* Irgendwann wird uns Langnese dann schon erhören …

Als nächstes ist unser 90er-Wassereis namens **BUSSY** an der Reihe. Einfach aufreißen und dann schlecken. Das Eis wird auch heute noch in großen Mengen produziert und hat mittlerweile schon mehr als 40 Jahre auf dem Buckel!

Foto: Unilever, Eistafel von 1992

Der legendäre Werbespot „So schmeckt der Sommer" brachte uns auch **BLIZZ**, ebenfalls ein Wassereis mit Cola oder Limonen-Geschmack, später kam noch die Sorte Power hinzu. Für 2 DM gab es die „Erfrischung pur", wie es auf den Eiskarten von Langnese hieß, und zwar im Becher zum Rauskratzen. Natürlich dürfen wir beim Thema Wassereis auch **Calippo** nicht vergessen – das Eis aus der Tube (ähnlich wie Bussy, aber doch noch größer). Seit Jahrzehnten gibt es

Calippo im Langnese-Sortiment, wir können es also alle noch genießen! Jedoch nicht **Calippo Fizz** mit den kleinen prickelnden Eiskristallen.

Das **Bum Bum** war ebenso beliebt bei allen 90er-Kids. Ein eingepackter Kaugummi als Stiel und unter der roten Zuckerhaube Vanille-Eis mit Erdbeer-Aroma. Hatten wir das Eis verspeist, war der Kaugummi dran. Das Eis wurde bereits 1986 auf den Markt gebracht und man sagt, es wurde von Boris Becker inspiriert, der ja 1985 unter seinem Spitznamen „Bum(m) Bum(m) Boris" mit seinem Wimbledon-Sieg in die Geschichtsbücher einging. Und das Bum-Bum-Eis ging ebenfalls in die Geschichtsbücher ein, sodass „Bum Bum" im Jahr 1991 sogar von Nestlé als Marke eingetragen wurde. 2002 kaufte Nestlé den Eis-Hersteller Schöller (Schöller und Mövenpick) und vertreibt das **Bum Bum** heute als Froneri Schöller. Somit ist es weiterhin in den Tiefkühltruhen der Supermärkte zu finden.

Oder auch **Solero SHOTS** – die kleinen Wassereis-Kügelchen in dem grünen Becher, der einen abgerundeten Kopf und eine ovale Öffnung hatte und so doch irgendwie an einen Mülleimer erinnerte. Und den gab es, man mag es kaum glauben, dank Langnese auch tatsächlich im Look des Solero Shots. Das Eis war als **Calippo SHOTS** mit orangenem Kopf erhältlich. Erinnerst du dich? Die Kügelchen waren manchmal so sehr festgefroren, dass man erst einmal mit den warmen Händen und ständigem Schütteln nachhelfen musste. Am Ende ging es dann recht schnell und die letzten Kugeln kamen alle in verflüssigter Form aus der Öffnung. Jene Öffnung (bzw. die Verschlusskappe aus Plastik) machte aber auch Probleme. Sie wurde nämlich von einigen Kindern verschluckt, weshalb man das Eis im Juli 1999 vom Markt nehmen musste. Seit Anfang 2016 gibt es unser Shots-Eis u. a. als **Calippo SHOTS Chupa Chups** mit roten (Kirsche) und gelben (Banane) Kügelchen. Die Verschlusskappe hat Langnese durch ein Drehsystem ersetzt.

Außerdem hielt der große Eishersteller auch noch das normale **Solero** Eis am Stiel mit einer Eiskrem und einer fruchtigen Ummantelung parat, sodass man seine Lust auf Milcheis und Wassereis auf einmal stillen konnte, was jedoch mit 2,50 DM auch seinen Preis hatte. Günstiger war da der Milchriegel von Langnese namens **BIMO**, den es auch als Konfekt gab. Unter dem Schokoladenüberzug fand man ein Milcheis mit Knusperstückchen. Leider gibt es auch **BIMO** nicht mehr.

Mit **Tschisi** begann in Österreich alles pünktlich zum Beginn der 90er, als man ein Eis für Kinder entwickelte, das nicht nur gut schmeckte, sondern wegen seiner Käselöcher auch noch spektakulär aussah. Schnell wurde es zum Kult-Eis in Österreich, und auch Deutschland kam von 1991 bis 1993 für nur 80 Pfennig in den Genuss des eisigen Tschisi. 1999 wurde dann allerdings die Produktion eingestellt. Die Verkaufszahlen gingen immer weiter zurück. Nach einem Internet-Aufschrei von Zehntausenden Österreichern, die das Eis aus der Kindheit zurückhaben wollten, kam es 2013 tatsächlich zum Comeback! Die Originalverpackung, die Farbe und den Geschmack von damals inklusive! Die Salzburger Nachrichten berichteten, dass innerhalb einer Woche nach dem Comeback unglaubliche 1,7 Millionen Stück verkauft worden sind. Doch auch die Österreicher müssen mit einer Sache leben: Die markanten Käselöcher, die das Markenzeichen von **Tschisi** waren, wurden aus produktionstechnischen Gründen weggelassen. Trotzdem kann nun jeder (zumindest in Österreich) das beliebte Eis mit dem Original-Geschmack von früher genießen und sich damit zurückbeamen.

Oder wie wäre es mit einem **FruchtZwerge Selbstmach-Eis** von DANONe? Damals waren die Zwerge ja noch echte Zucker- und Fettbomben, was sich mit dem Wandel der Lebensmittelindustrie zum Glück geändert hat. Mit neuer Rezeptur kommen die Kids immer noch in den Genuss vom **FruchtZwerge-Eis** – es genügt ja schließlich schon ein Löffel und schon kann es losgehen. In den 90ern gab es natürlich immer eine Extra-Packung mit flachen Plastik-Stielen (Eisstäbchen genannt), die man auch als Malschablone benutzen konnte. Wie war es bei dir? Hast du es manchmal auch nicht abwarten können, bis die FruchtZwerge gefroren waren? Nun ja, wenn sie richtig fest waren, brauchte man sowieso eine Menge Geduld, bevor sie aus dem Becher herausflutschten. Insofern war es doch ok, wenn wir sie alle bereits im halb gefrorenen Zustand wieder aus dem Gefrierfach holten.

Ach ... ein Eis wollen wir natürlich nicht unerwähnt lassen. Das **Mischa Bären Wassereis** von Family Frost. Wenn damals die Glocke läutete, rannten wir alle hinaus zum gelben Wagen, der uns ab 1990 in Ostdeutschland mit Eis beglückte. Aber nicht nur da war Family Frost aktiv. 1992 exportierte das Unternehmen, welches vom Mutterkonzern Eismann gegründet wurde, ins Ausland. Jahr für Jahr kamen immer mehr Länder in Europa hinzu, sodass bald 1300 Eiswagen im Einsatz waren. Ein spezielles Eis liebten wir am meisten – das **Mischa Bären Wassereis** mit den Bärenohren, die immer zuerst dran glauben mussten. Das Eis gab es in den Geschmacksrichtungen Erdbeere, Cola und Orange. Family Frost wurde allerdings 2007 eingestampft und so verschwanden auch unsere geliebten **Mischa Bären** am Stiel. Auch hier stirbt die Hoffnung zuletzt. Eventuell wird Eismann bald eine Retro-Variante in ihre Verkaufswagen integrieren – die 90er-Kids würden sich ganz bestimmt alle freuen!

BIFI

UNSER LIEBSTER SCHULFREUND!

Foto: LSI – Germany GmbH

Jeder hat sie in der Kindheit bzw. Jugend gegessen, unsere **BiFi**. Der Name kommt vom englischen Wort „beefy", was auf Deutsch „fleischig" bedeutet. Wenn man mal zurückdenkt, gab es damals ja eigentlich auch noch keine Vegetarier, oder? Und jedes Mal, wenn einer der Klassenkameraden eine **BiFi** im Klassenraum oder im Schulbus öffnete, roch man es sofort! So erging es vorher auch schon vielen anderen Schülern, denn die Wurst wird bereits seit 1972 verkauft. Mittlerweile gehört die Marke nicht mehr zu Unilever, sondern zu Jack Link's, doch wie jeder weiß, hat sich am Geschmack nichts geändert. Mehr als zehn verschiedene BiFi-Produkte werden von Jack Link's vertrieben, darunter selbstverständlich auch das Original mit der Hülle, die übrigens aus abbaubarer Cellulose besteht – genau wie in den guten alten Zeiten!

SCHLECKMUSCHELN

Keine Chance – man musste schlecken!

Foto: www.worldofsweets.de

Eine ziemlich stabile Kunststoffschale in Herzmuschelform, in der eine harte Zuckermasse klebt, die man eigentlich nur durch langes Schlecken heraus bekommt, ist die **Schleckmuschel**. Manchmal wurde sie auch nur Leckmuschel genannt. Es gibt sie heute in den unterschiedlichsten Farben und Geschmacksrichtungen.

MAMBA

EIN KULT-KAUBONBON DER 90ER!

Foto: AUGUST STORCK KG

Ein 90er-Kult-Kaubonbon ist **Mamba** aus dem Hause STORCK. 1953 wurde **Mamba** als zweites Kaubonbon des Süßwarenherstellers (nach den 1 PFENNIG RIESEN) geboren. Ob Orange, Himbeere, Zitrone oder Erdbeere – das „fröhlich fruchtige Kaubonbon" war der Hit! Besonders die 90er verhalfen **Mamba** zum starken Wachstum. Gegenüber den 50ern stieg der Absatz in unserem Lieblingsjahrzehnt nämlich um satte 600 Prozent! Das Familienunternehmen gibt weiterhin alles, um uns mit vielen neuen Kreationen zu überraschen. So entstanden bisher z. B. die Editionen Mamba Sauer, Mamba Cola oder Mamba Magic Sticks. Eine Bedeutung hat die Wortschöpfung „Mamba" übrigens nicht. Man legte damals Wert darauf, dass der Marken-Name leicht merkbar ist und man ihn weltweit verwenden kann. Hat funktioniert! Auch heute gibt es **Mamba** natürlich noch im Supermarkt zu kaufen. Auf dem Foto siehst du übrigens das Kult-Kaubonbon im 90er-Look!

MAOAM

WAS WOLLT IHR DANN?

Foto: HARIBO

Ein weiteres beliebtes Kaubonbon der 90er ist **MAOAM**. Die Entstehungsgeschichte beruht auf einem findigen Düsseldorfer Lakritz-Hersteller, der seinen Kunden bereits 1931 erstmals **MAOAM** anbot. Ein fruchtiges Kaubonbon, hergestellt aus Zucker, Sirup und anderen Zutaten, jedoch ohne Gummi! Das Wort „bon" stammt übrigens aus dem Französischen und bedeutet schlichtweg „gut". Seit 1986 gehört das gute Kaubonbon **MAOAM** (ebenfalls ein Kunstname) zu Haribo, die uns auch in den 90ern durchgehend mit Geschmacksrichtungen wie Erdbeere, Orange, Zitrone, Cola oder Himbeere verwöhnten. Heute freuen sich MAOAM-Fans neben den bekannten Bloxx über viele andere Formen und Geschmacksrichtungen. Ob **MAOAM** Kracher, Stripes, JoyStixx oder Happy Fruttis, aber auch MAOAM Kracher sauer mit Geschmacksrichtungen wie saurer Apfel und saure Cola – **MAOAM** steht für Vielfalt und fruchtigen Kauspaß.

FRITT

UND SCHON IST ER WEGGEFLOGEN!

Foto: Ludwig Schokolade GmbH & Co. KG

Oder wie wäre es mit **FRiTT**? *„Wow, ist Fritt ein Kau!“* – dieser Werbespruch dürfte jedem 90er-Kind ein Begriff sein. Und das kleine Männchen Mr. Fritt mit dem kastenförmigen Gesicht und dem gelben Shirt sicher auch. Er war seit Mitte der 90er im Einsatz und hob häufig ab, als er in den Kaustreifen biss und seine Ohren anschließend zu Propellern wurden. Momentan sind zwar keine neuen Werbespots mit ihm geplant, aber wir können uns die alten Spots ja immerhin noch bei YouTube anschauen. Fünf Abschnitte sind in jedem Fall weiterhin an den Kaustreifen, von denen in jeder Packung **FRiTT** sechs enthalten sind. Das Foto oben bildet übrigens ebenfalls die Originalverpackung aus den 90ern ab!

HUBBA BUBBA

EINE KAUGUMMI-BLASE NACH DER ANDEREN!

Foto: Wrigley / MARS GmbH

Eine Geschmacksexplosion lösten auch die **Hubba Bubba** Kaugummis aus, mit denen wir riesige Blasen machen konnten. 1978 kamen sie auf den deutschen Markt und entwickelten sich sehr schnell zum Kult – vor allem natürlich in den 90ern! Mars vertreibt **Hubba Bubba** mittlerweile in 80 Ländern. Wir müssen uns also keine Sorgen machen, dass wir ihn irgendwann nicht mehr kaufen können, wenn wir mal wieder Lust auf das Hubba Bubba-Gefühl im Mund haben. 2002 folgte übrigens die kleine Schwester, das Hubba Bubba Bubble Tape. Und auch diese kleinen radförmigen Plastikdöschen (rosa, grün oder blau) schlugen ein! Jede und jeder konnte nun selbst entscheiden, wie lang der Kaugummistreifen sein soll. Uns konnte es nie genug sein, oder? Den Kaugummi aus der Tube kennen wir natürlich auch noch. Auf dem Foto sieht man die Original **Hubba Bubba** Kaugummis, wie sie von 1986 bis 1994 designt waren.

CENTER SHOCK

WER TRAUT SICH?

Foto: www.worldofsweets.de

Wer ist so mutig und probiert einen **CENTER SHOCK**? Extrem sauer waren die kleinen Biester. Es gab verschiedene Sorten, die den Speichelfluss stark anregten und es auch weiterhin tun, denn natürlich sind sie immer noch auf dem Markt. So können sich auch die Kids der neuen Generation gegenseitig anstacheln und sich dann über die ausufernden Gesichter der anderen amüsieren. Und wie steht's mit dir? Spürst du beim Gedanken an den **CENTER SHOCK** schon den vermehrten Speichelfluss?

PARTY BURGER

DER KLEINE BRUDER VOM ECHTEN CHEESEBURGER!

Foto: Trolli GmbH

Der Gummi-Burger von Trolli hat längst Kultstatus erlangt. Er wurde dem Original exakt nachempfunden. Fleisch, Käse, Salat, sogar die Sesamkörner liegen angedeutet auf dem Burger-Bun. Die Geschmacksaromen Rhabarber, Himbeere, Erdbeere und Ananas-Kiwi-Stachelbeere sorgten in den 90ern (als der Burger-Boom sowieso schon auf dem Höhepunkt angelangt war) dafür, dass wir uns einen **Party BURGER** nach dem anderen in den Mund steckten – wann gelang das schon bei einem echten Burger? Noch heute sind **Party BURGER** erhältlich!

FRUCHTGUMMI-SCHNÜRE

WIE VIELE KNOTEN SIND ES DIESMAL?

Foto: hitschler International GmbH & Co. KG

Sie hingen irgendwie überall, wurden zusammengebunden und als Knäuel verstaut. Aber im Mund landeten die **Schnüre** dann ja doch irgendwie. Die Firma hitschler hat sie auch weiterhin im Angebot. Die 90er-Party kann also starten!

BRAUSE-UFOS

Einfach auf die Zunge legen und abwarten!

Foto: www.worldofsweets.de

Die mit Brause gefüllten **Oblaten-Ufos** waren der Hit in den 90ern. Man legte sie auf die Zunge und wartete, bis sich die Oblaten auflösten, wodurch dank des Brausepulvers eine kleine Explosion im Mund ausgelöst wurde. Es gibt sie immer noch in Großpackungen zu kaufen, in denen gleich mehrere Hundert bunt gemischte **Brause-Ufos** auf ihren Verzehr warten. Also ebenfalls perfekt für eine 90er-Fete!

AHOJ-BRAUSE

PULVER UND WASSER – MEHR BRAUCHT ES NICHT!

Foto: ullstein bild - Alert

Unsere geliebte **Ahoj-Brause** von Frigeo mit dem blauen, Fahne schwenkenden Matrosen auf der Verpackung kann man sich bereits seit Anfang der 1930er-Jahre auf der Zunge zergehen lassen und zwar in den Geschmacksrichtungen Orange, Zitrone, Waldmeister und Himbeere. Welche Sorte war und ist dein persönlicher Favorit?

Das Prinzip hat jedes Kind verstanden: einfach Beutel aufreißen und das Pulver in ein Glas Wasser kippen – fertig ist die Limo. Natürlich wurde das von uns Kindern gerne missachtet und das Brausepulver landete ohne den zweiten Schritt direkt im Mund. Sicher kannst du dir noch gut vorstellen, welches Gefühl dabei – besonders bei der Sorte Zitrone – im Mund entstand, oder?

Eine Übernahme der ursprünglichen Herstellerfirma Frigeo in Remshalden durch Katjes Fassin im Jahr 2002 hat dem Erfolg keineswegs geschadet. Das kultige Brausepulver wird aber immer noch in Remshalden produziert. Bis heute verkauft der Konzern 50 Millionen Tütchen **Ahoj-Brause** jährlich! Und noch viele andere Produkte, in denen die herrlich prickelnde Brause enthalten ist, z. B. Kaubonbons, Waffeln und sogar Eis.

FRUCHTTIGER

DER DURSTLÖSCHER FÜR ALLE 90ER-KIDS!

Foto: Eckes-Granini Deutschland GmbH

„FruchtTiger, der löscht den Durst und darauf kommt es an!" 1997 in Österreich ausgelöst, greift das FruchtTiger-Fieber auch ein Jahr später auf ganz Deutschland über. Vor allem die legendäre FruchtTiger-TV-Werbung war für eine schnelle Marken-Etablierung verantwortlich. Das beliebte Kindergetränk aus 60 % Saft und 40 % stillem Mineralwasser konnte man in den 90ern in großen Kartonverpackungen kaufen. Die 1,5-Liter-Variante kostete 1,49 bis 1,59 DM, die Trinkpäckchen waren für 0,99 DM erhältlich! Heute gibt es **FruchtTiger** nur noch in wiederverschließbaren Plastikflaschen (0,25 oder 0,5 Liter). Den Kindern schmeckt's trotzdem – und mehr Auswahl gibt es außerdem. Insgesamt umfasst das Sortiment nun sechs Sorten (damals waren es zunächst drei – nämlich Dschungel-Mix, Magic Orange und Roter Spaß-Mix, später kam Wilde Kirsche hinzu). Einen legendären FruchtTiger-Werbespot gibt's übrigens bei YouTube zu bewundern. Der Tiger kommt darin zusammen mit seinen Kollegen und einem Feuerwehrauto vorgefahren, um zu fragen: *„Durstalarm?"* Anschließend reicht er ein Glas **FruchtTiger** aus dem Bildschirm direkt in die Hände der Kids, um deren Durst zu löschen.

DIE SCHULMILCH

WELCHE SORTE MÖCHTEST DU BESTELLEN?

Foto: ullstein bild - CMA

Die **Schulmilch** gehörte zu unserer Grundschulzeit wie der Turnbeutel und der Pausengong. Die Milch war gut für unsere Knochen, was wir uns damals ja alle stets von unseren Eltern und Großeltern anhören mussten, und zudem auch noch richtig lecker! Sicher kann sich jeder an den freudigen Moment erinnern, wenn der Kasten mit den Milchflaschen und -tüten in die Klasse kam. Aber man musste unbedingt vorbestellen, sonst gab's nämlich keine! Okay, es gab zwar die natürliche Variante der **Schulmilch** ohne Geschmack, aber wenn wir ehrlich sind, hat die keiner von uns genommen. Kakao, Erdbeere, Vanille oder Banane – das waren unsere Favoriten!

Die Generation vor uns bekam die Pausenmilch übrigens noch in pyramidenförmiger Kartonverpackung, die man an einer Ecke aufreißen musste, um den Inhalt genießen zu können. Später gab es sie im quaderförmigen Tetra Pak.

BLUNA

Sind wir nicht alle ein bisschen Bluna?

Foto: Mineralbrunnen Überkingen-Teinach GmbH & Co. KGaA

Ja, wir waren alle ein bisschen Bluna!

Mit diesem Slogan (gesprochen vom leider schon verstorbenen Schauspieler Utz Richter) gelang dem Getränk Mitte der 90er ein Paukenschlag. **Bluna** gibt es bereits seit 1952 und es wechselte 1994 gemeinsam mit der Wachmacher-Schwester afri cola den Besitzer. Von da an ging es mit der nötigen Prise Irrsinn weiter. Ob in der grünen Glasflasche oder in der Dose – die Orangenlimonade wurde zum 90er-Kultgetränk. Dazu trugen vor allem die legendären Werbespots bei. Ob zwischen Wolkenkratzern, im Schwimmbad oder auf der Wiese im Park: **Bluna** war damals samt Slogan in allen deutschen Fernsehgeräten zu Gast, zuletzt mit dem Werbespot mit den beiden „Verrückten" im Jahr 2000. Und die Limo hält sich auch weiterhin wacker in den Regalen der Getränkehändler!

SERIEN

Was haben wir viel Fernsehen geschaut in den 90ern, oder? Nun, es war ja schließlich auch das Geburtsjahrzehnt von zunächst SUPER RTL und dann auch vom KiKA (bis Ende April 2000 trug der Sender übrigens noch den ausgeschriebenen Namen „Der Kinderkanal"). Zusammen haben sie uns so einige schöne Serien in die Wohnzimmer geschickt. Aber natürlich gab es auch noch andere Sender, die wir gerne schauten, weil sie nach der Schule ein paar tolle Serien ausstrahlten.

Wir erinnern uns doch alle gerne zurück an „PoKéMoN", „Die Dinos" oder so manche Disney-Produktion. Während wir heute von den vielen Werbespots genervt sind, bekamen wir damals leuchtende Augen, wenn zwischen unseren Lieblingsserien mal wieder ein neues Spielzeug über den Bildschirm flimmerte, ja manchmal sogar der jeweilige Titelheld in Plastikgestalt. Blicken wir gemeinsam auf einige der schönsten Serien der 90er-Jahre zurück!

POKÉMON

KOMM' UND SCHNAPP' SIE DIR!

Foto: DVD „Pokémon – Staffel 1" – Studio Hamburg Enterprises

Pünktlich zum 1. September 1999 war es im deutschsprachigen Raum endlich so weit. RTL ZWEI strahlte die erste Folge des japanischen Anime-Hits **„PoKéMoN"** aus. Von da an wollten wir nichts anderes, als die Geschichten von Ash Ketchum und seinen Freunden in Kanto zu verfolgen. Ash hatte nur ein Ziel: Pokémon-Meister werden, genau wie wir. Immer an seiner Seite: Pikachu! Natürlich auch seine Weggefährten Misty und Rocko (er fehlte lediglich in Staffel 2), aber eigentlich liebten wir natürlich am meisten die kleinen Pokémon. Schiggy, Glumanda und Bisasam sind nur drei von ihnen. Wenn das mal keine Kindheitserinnerungen weckt!

Und nicht zu vergessen: Team Rocket mit Mauzi, die ständig nur Unheil im Sinn hatten. Der Erfolg blieb ihnen stets verwehrt. Du erinnerst dich sicher noch: *„Das war mal wieder ein Schuss in den Ooooofen!"* Was keiner von uns wusste: Drei der insgesamt 39 Folgen aus Staffel 1 wurden niemals im deutschsprachigen Raum ausgestrahlt. Eine enthielt James vom Team Rocket als Transvestit (Folge 18), die zweite (Folge 35) zeigte Mauzi mit einem Bart in einer speziellen Form, wie ihn niemand mehr sehen will, (außerdem war in der Episode auch noch Waffengewalt ein Thema) und in der dritten (Folge 38) trat wegen einer Explosion zweier Raketen ein schnelles Flackern von isoliertem Rot und Blau auf, das bei der

Erstausstrahlung in Japan zu epileptischen Anfällen bei Kindern führte (über 600 kamen ins Krankenhaus). Eine solche Katastrophe wollte man uns dankenswerterweise ersparen. Auch auf der DVD-Box mit dem Titel „Indigo Liga" (umfasst nahezu die komplette Staffel 1) hat man auf diese Folgen verzichtet. Es gibt auch noch die 2. Staffel auf DVD (Titel: „Adventures in the Orange Island"). Eigentlich sollte diese ja nahtlos an DVD-Box 1 anknüpfen und noch die restlichen Folgen der 1. Staffel beinhalten, die nicht mehr auf jene drauf passten. Stattdessen wurden aber zwei Episoden aus der Mitte der 1. Staffel vorne drangesetzt.

Hinter dem Welterfolg von **„Pokémon"** steckt übrigens eine tolle japanische Geschichte, die so nur das Leben schreiben kann. Satoshi Tajiri war als Kind sehr oft draußen in der Natur und suchte dort immer Insekten, um diese anschließend zeichnen zu können. Und der Spieltrieb war schuld, dass er diese Zeichnungen dann immer gegeneinander antreten ließ. Bei einer späteren technischen Ausbildung an einer Hochschule fand er Gefallen an Videospielen und so kamen beide Hobbys recht schnell in Einklang. Mit Freunden gründete er 1982 ein Spielemagazin und mit diesem entwickelten sie schon bald in Kooperation mit einem japanischen Entwicklerstudio (einer Tochter von Nintendo) die ersten Pokémon-Spiele, welche schließlich 1996 bei Nintendo erschienen. Zuerst waren es nur 200.000 Spiele, die ausgeliefert wurden. Man muss aus heutiger Sicht sagen, dass der Game Boy damals eigentlich niemanden mehr wirklich interessierte, er dümpelte mit Tetris mehr oder weniger nur noch vor sich hin. Doch dann geschah es – **„Pokémon"** wurde in Japan zum Megat-Hype. Das Spiel sorgte dafür, dass Nintendo den Game Boy wiederbelebte und Pikachu und Co. in alle Richtungen entwickelte.

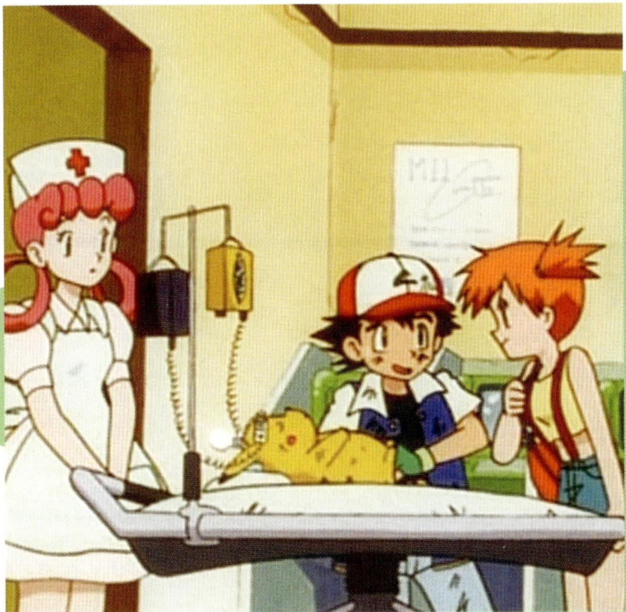

Foto: DVD „Pokémon – Staffel 1" – Studio Hamburg Enterprises

So erschien das Spiel zwei Jahre später in den USA und wiederum ein Jahr später in Europa, zeitgleich mit massenhaft weiteren Artikeln, die Nintendo Milliarden-Gewinne bescherten. Ein Sammelkartenspiel folgte beispielsweise parallel zur Serie und bot uns sogar die Möglichkeit, an eigens dafür veranstalteten Pokémon-Turnieren teilzunehmen. Zahlreiche Merchandise-Artikel (wir denken nur mal an die Pokébälle mit den Figuren drin) konnten wir uns außerdem kaufen (lassen) und bis heute sind auch über 15 Filme erschienen, die sich um die kleinen Wesen drehen. Und natürlich darf man auch die vielen Videospiele nicht vergessen, die uns am Gameboy kleben ließen. Insgesamt 200 Millionen Stück gingen davon über die Ladentheken. Und ein Ende ist dank des Hypes von „Pokémon Go" sowie „Pokémon Let's Go" für die Nintendo Switch nicht in Sicht!

Die Lizenzrechte für **„Pokémon"** besitzt das japanische Entwickler-Studio übrigens seit 1998 zu 100 Prozent. Und das ja letztendlich nur, weil man sich damals traute, mit einem Videospiel-verrückten Insektensammler und seinen Kumpels zusammenzuarbeiten. Kleine Ideen können eben manchmal auch sehr groß werden!

DRAGON BALL

SON GOKU AUF DER SUCHE NACH DEN 7 MAGISCHEN KRISTALLKUGELN.

Foto: © Bird StudioShueisha, Toei Animation

Der kleine Son Goku letbt alleine in der Wildnis, bis er das Mädchen Bulma trifft und mit ihr zusammen in die große weite Welt zieht, um die berühmten Dragonballs zu suchen. Das sind insgesamt sieben magische Kristallkugeln mit kleinen Sternen, und wenn man sie alle hat, kann man einen Drachen namens Shenlong heraufbeschwören, der einem einen Wunsch erfüllt. Auf der Reise treffen die beiden auf den Herrn der Schildkröten, der Son Goku in Kampfkunst unterrichtet. Außerdem lernt er Krillin, einen kleinen Glatzkopf, sowie das Schwein Oolong kennen. Sie bilden ein Team und müssen sich von nun an zahlreichen Gegnern stellen. Die Serie **„Dragon Ball"** wurde zum Sensationserfolg auf der ganzen Welt! Jeder hätte gerne die Superkräfte gehabt, die Son Goku und Co. besitzen. Wir wurden gemeinsam mit ihnen groß und bangten bei jeder gefährlichen Szene mit, in der die Truppe gegen starke Krieger, Dämonen oder Außerirdische antrat.

Immer wieder hofften wir, dass Son Goku und seinen Freunden dabei nichts zustoßen möge und sie irgendwann tatsächlich alle sieben Kugeln in den Händen halten würden. 153 Episoden umfasste **„Dragon Ball"** und wurde bei uns ab dem 30. August 1999 auf RTL ZWEI ausgestrahlt. Die Serie basiert auf der Manga-Vorlage von Schöpfer Akira Toriyama. Dummerweise haben sich die Verantwortlichen der deutschen Fassung zunächst einen Fehler bei der Synchronisation erlaubt. So haben sie für wichtige Begriffe der Serie, z. B. „Kamehame-Ha", eigene deutsche Wörter erfunden, was erst ab Folge 54 geändert wurde. Es sei ihnen verziehen! Parallel zur Serie entstand der erste Kinofilm von **„Dragon Ball"** – viele weitere sollten folgen. Im August 2001 startete dann auch die Nachfolge-Serie „Dragon Ball Z". Aber warum „Z"? Das Z ist ja bekanntlich der letzte Buchstabe im Alphabet. Und Son Gokus Geschichte sollte mit der Serie zu Ende erzählt werden – so simpel ist die Erklärung. „Dragon Ball GT", „Dragon Ball Z Kai" und „Dragon Ball Super" sowie zahlreiche Filme folgten. Ein Ende ist nicht in Sicht! KAZÉ Anime hat übrigens sämtliche Episoden der Originalserie **„Dragon Ball"** auf insgesamt sechs DVD-Boxen verewigt.

Foto: © Bird StudioShueisha, Toei Animation

Foto: © NAOKO TAKEUCHI/PNP, TOEI ANIMATION

SAILOR MOON

IM NAMEN DES MONDES WERDE ICH DICH BESTRAFEN!

„Sailor Moon" gehörte neben „PoKéMoN" und „Dragon Ball" zu den ersten Anime-Serien, die jeder von uns in den 90ern gesehen hat. Eigentlich war sie sogar die allererste, denn die Ausstrahlung begann bereits im Oktober 1995 im ZDF. Ab Staffel 2 zog die Serie dann zu RTL ZWEI und wurde schnell zum Kult! Erinnerst du dich noch an die Handlung der Serie, die auf dem gleichnamigen Manga der Japanerin Naoko Takeuchi basiert? Die 14-jährige Bunny führt ein ganz normales Leben, ist jedoch eine Heulsuse, noch dazu schlecht in der Schule und stäääändig müde.

Foto: © NAOKO TAKEUCHI/PNP, TOEI ANIMATION

MACHT DER MONDNEBEL!

MONDSTEIN, FLIEG UND SIEG!

Dann trifft Bunny jedoch auf eine sprechende Katze, die ihr offenbart, dass sie eigentlich kein normales Mädchen ist, sondern die Kriegerin der Liebe und Gerechtigkeit namens Sailor Moon, in die sie sich verwandeln kann. Die Katze will, dass Bunny andere Kriegerinnen findet, um gemeinsam mit ihnen gegen dunkle Mächte anzutreten, bevor diese die gesamte Galaxie einnehmen. Außerdem soll sie die Mondprinzessin suchen, denn nur mit ihr kann es allen am Ende gelingen, die mysteriösen Feinde aus dem dunklen Königreich aufzuhalten. Zuerst gefällt es Bunny gar nicht, sich in die Kriegerin Sailor Moon zu verwandeln, doch je öfter ihre Mitstreiter, u. a. Sailor Merkur und Sailor Mars sie daran erinnern, dass sie gebraucht wird, desto schneller gewöhnt sie sich an die verantwortungsvolle Rolle. Bald muss Bunny alias Sailor Moon feststellen, dass sie selbst die gesuchte Mondprinzessin ist. *„Im Namen des Mondsteins, für Frieden und Gerechtigkeit!"* oder *„Mondstein, flieg und sieg!"* – erinnerst du dich?

Ganze 200 Episoden mit je 25 Minuten Laufzeit wurden von **„Sailor Moon"** produziert. Auf insgesamt zehn DVD-Boxen sind alle von ihnen im Handel erhältlich. Drei Filme wurden außerdem bei RTL ZWEI gesendet und auch auf VHS veröffentlicht. Die Anime-Serie „Sailor Moon Crystal", die es seit 2014 gibt, und die Realserie „Pretty Guardian Sailor Moon" setzten die erfolgreiche Reihe fort. In Japan gab es auch zahlreiche Videospiele für diverse Plattformen, selbst Musicals wurden über viele Jahre aufgeführt, zum Sailor-Moon-Jubiläum 2013 begann man sogar mit einer Live-Übertragung im Internet. 2017 wurde bekannt, dass die 4. Staffel von „Sailor Moon Crystal" in zwei Kinofilmen umgesetzt wird. Es geht also weiter mit der Mondprinzessin!

Fallrückzieher? Check!

KICKERS

Foto: © Noriaki Nagai/Shogakukan, Pierrot 1986

„Kickers" gehört zu den besten Anime-Serien der 90er. Sie basiert auf einem Manga von Noriaki Nagai aus dem Jahr 1985, wobei die Einzelkapitel bis ins Jahr 1989 in Magazinen abgedruckt und auch als 20 Einzelbände verlegt wurden. Das japanische Produktionsstudio, welches auf Anime spezialisiert war, begann noch im Jahr der Ersterscheinung mit den Planungen für eine Serien-Adaption. 26 Folgen à 24 Minuten wurden (jedenfalls zum Teil) bereits 1986 im japanischen Fernsehen ausgestrahlt. Bei uns ging es erst 1992 auf Tele5 los (später u. a. auch bei RTL ZWEI). Millionen Jungs haben anschließend täglich auf dem Fußballplatz versucht, die Kunststücke nachzuahmen – vor allem natürlich den Fallrückzieher, der erst durch die Serie so richtige Popularität erlangte.

Interessant ist, dass die Serie in der Heimat Japan gar nicht wirklich beliebt war, was aber mit Sicherheit daran liegt, dass die Menschen dort auch nicht so fußballverrückt waren. Noch bevor die Japaner die letzten fünf Folgen der Staffel sehen konnten, stellte man sie ein. Ein weiterer Grund war übrigens eine andere Fußball-Anime-Serie namens „Captain Tsubasa", die in Japan schon seit 1981 lief und später ebenfalls nach Deutschland kam.

Foto: © Noriaki Nagai/Shogakukan, Pierrot 1986

Aber wenn wir ehrlich sind, hatten doch die meisten von uns immer das starke Gefühl **„Kickers"** wäre die bessere Serie! Und so haben wir alle 26 Folgen liebend gerne inhaliert. Denn **„Kickers"** schlug (wie die Fußbälle) in allen Ländern ein, wo die Kids schon mit Fußball aufwachsen – und das waren bereits damals nicht gerade wenige! Insofern dürfte sich die Produktion für das japanische Studio trotzdem sehr gelohnt haben. Alle Folgen gibt es als Gesamtausgabe auf DVD.

MILA SUPERSTAR

AUFSCHLAG. SATZ. UND SIEG!

Foto: KSM GmbH

„Kickers" liebten vor allem die Jungs und **„Mila Superstar"** war die Serie für die Mädels, schließlich spielte Mila Volleyball und das gefiel dem weiblichen Publikum in den meisten Fällen dann doch etwas besser. Die Serie wurde das erste Mal gegen Ende 1993 von RTL ZWEI ausgestrahlt. Da hatte Mila aber schon etliche Jahre auf dem Buckel. Denn in Japan ging sie schon 1969 (gut 24 Jahre vorher) auf Sendung. Von Fujimi, wo die kleine Mila wohnt, war es anscheinend ein weiter Weg für die TV-Rechte.

Obwohl Mila eine Lungenkrankheit hat, liebt sie Volleyball und hat den großen Traum, die beste Volleyballspielerin der Welt zu werden. Als sie dann als geheilt gilt und von den Ärzten die Freigabe bekommt, kann sie nichts mehr aufhalten. Ihr Ehrgeiz sorgt dafür, dass sie niemals aufgibt. Ihre Mannschaftskolleginnen, der Trainer und vor allem ihre ehemals größte Konkurrentin Midori, die bald zu ihrer besten Freundin wird, unterstützen sie, wo es nur geht. Bald steht sie auf dem Volleyballfeld bei den Weltmeisterschaften. Alle 90er-Mädels werden sicher noch wissen, wie es am Ende für sie und ihre Mannschaft ausging.

Foto: KSM GmbH

Seinen Ursprung hat der Anime übrigens in einem japanischen Manga-Magazin von 1968. Gut, eigentlich waren die Olympischen Sommerspiele vier Jahre zuvor der Auslöser, denn dort gewannen die japanischen Volleyball-Ladies die Goldmedaille – und zwar im eigenen Land. Ein Erfolg, mit dem niemand rechnete. Deshalb erschienen Anfang der 70er auch mehrere „Mila Superstar"-Kinofilme.

Im Laufe der Jahre und Jahrzehnte erschienen zahlreiche weitere Folgen – nach dem sensationellen Erfolg der Serie in Europa natürlich auch hierzulande. In Japan gab es 2005 sogar eine Serie als Realverfilmung. Sämtliche Episoden von **„Mila Superstar"** (über 100!) sind in einer kompletten DVD-Box von KSM enthalten.

EXTREME DINOSAURS

VOLLE POWER AUS DER URZEIT!

Foto: © BKN / Pidax

Gut, viele 90er-Girls werden jetzt den Kopf schütteln, doch bei den Jungs war sie eine der beliebtesten Trickfilm-Serien. T-Bone, Stegz, Bullzeye sowie Spike und die anderen Dinos mit amerikanischen Vornamen, einer enormen Intelligenz und unterschiedlichen menschlichen Charakterzügen passten einfach in den Dinosaurier-Hype, der durch Jurassic Park 1993 entfacht wurde. In **„Extreme Dinosaurs"** mussten die guten Dinos die bösen Dinos davon abhalten, eine Hitzewelle zu verursachen, wodurch sie die Weltherrschaft an sich reißen würden.

Die Serie ging als Spin-Off von „Street Sharks" an den Start. Bei uns lief sie auf SUPER RTL und zwar erstmals von April bis Juli 1998. Im Gegensatz zu „Mummies Alive!" (stammte von den gleichen Machern) ging den TV-Dinosauriern eine Actionfiguren-Kollektion von Mattel aus dem Jahr 1996 voraus. Der Gedanke dahinter war sehr einfach. Die Ausstrahlung sollte den Figuren-Verkauf ankurbeln. Und das funktionierte prächtig, genau wie bei den „Street Sharks", die schon ab 1994 in drei Staffeln produziert wurden und in der übrigens einige der **„Extreme Dinosaurs"** mitspielten. Leider war mit unseren Dinos schon nach 52 Episoden mit jeweils nur 30 Minuten Schluss. Von der Fernsehserie gab es für eine lange Zeit nur eine VHS-Kassette ohne deutschen Ton, doch PIDAX nahm sich schließlich einer DVD-Veröffentlichung an. Wir können also alle Folgen noch einmal anschauen!

MUMMIES ALIVE!

WIEDERERWECKTE MUMIEN KÄMPFEN FÜR EINEN ÄGYPTISCHEN PRINZEN!

Foto: © DHX / Pidax

„Mummies Alive!" beerbte sozusagen „Extreme Dinosaurs" und lief auf SUPER RTL mit dem Zusatztitel „Die Hüter des Pharaos" von September bis November 1998. Die Serie war allerdings noch kürzer als die der erfolgreichen Dinosaurier – sie enthielt nur 42 Episoden, welche jeweils 22 Minuten umfassten. Ihre Handlung dreht sich um einen zwölfjährigen Sprössling, der der wiedergeborene ägyptische Prinz Rapses ist. Und deshalb wird er auch von vier Mumien beschützt. Grund für den Schutz ist der böse Scarab, welcher unsterblich werden und die Weltherrschaft an sich reißen will.

Hasbro nahm sich ein Beispiel an den erfolgreichen Trickfilm-Vorgängern und brachte nach dem Raketenstart der Serie auch ein Figuren-Set heraus. Natürlich mussten auch hier alle Jungs jede einzelne davon haben. Dank PIDAX gibt es heute eine vollständige DVD-Ausgabe der Mumien-Serie!

OISKI! POISKI!

DIE INSEL MIT VIELEN TIEREN AN BORD!

Foto: © WDR / Pidax

Eine Kooperation des deutschen WDR und der britischen BBC brachte diese schöne Zeichentrickserie hervor. 1997 begann man mit der Ausstrahlung der insgesamt 39 Episoden von **„Oiski! Poiski!“**. Und darum ging es: Eine Insel schwimmt rund um die Welt und Kapitän Noah (ein Eisbär) plant, mit der Insel auf einen mysteriösen, aber schönen Ort namens „Diamantina“ zuzusteuern, an dem alle Tierarten vereint in Frieden leben können. Bis dahin dient die schwimmende Insel als Zufluchtsort für vielerlei Arten, auch schon längst ausgestorbene Tiere. Da wären z. B. ein stummer Hase, zwei Mammuts, ein Mandrill, ein Gorilla, ein Känguru, eine Braunbärin, zahlreiche Geier, ein Erdferkel, ein Rhinozeros und natürlich der kleine Desman, der stets *„Oiski! Poiski!“* ruft und damit zum heimlichen Star der Serie avancierte.

In den 25 Minuten passierte immer allerhand auf der Insel. Am Ende von Staffel 1 bleiben sie z. B. stecken – und zwar im arktischen Eis. 1999 war leider schon wieder Schluss mit **„Oiski! Poiski!“**, aber immerhin gibt es nun alle 39 Folgen auf DVD!

HEY ARNOLD!

DER KLEINE JUNGE MIT DEM BREITEN SCHÄDEL!

Foto: Turbine Medien GmbH

1997 begann der Spaß um den kleinen Arnold. Zunächst auf Nickelodeon (Produzent der Serie) und nach dessen vorläufigem Rückzug aus dem deutschen Privatfernsehen 1998 ging es dann bei SUPER RTL mit **„Hey Arnold"** weiter. Der schlaue Arnold, der wegen seiner Kopfform „Footballschädel" genannt wird, wohnt bei seinen Großeltern. Er ist sehr schlau und immer auf Gerechtigkeit aus. Sein bester Freund Gerald hilft ihm durch seinen Alltag und gemeinsam überwinden sie so manche Hürden. Und dann wäre da ja auch noch Helga mit den großen Augenbrauen, die in Arnold verliebt ist, was sie aber unter keinen Umständen preisgeben würde. Die Serie zeigt vor allem, dass am Ende eben doch nur die inneren Werte zählen und man niemandem das Aussehen sowie die religiöse Neigung ankreiden sollte! 2002 erschien sogar ein Kinofilm mit dem Namen „Hey Arnold! – Der Film".

Da er dort floppte, wurde er im deutschsprachigen Raum nur auf DVD veröffentlicht und erst viele Jahre später im TV ausgestrahlt. 2004 war es mit Arnold auch als Serienheld vorbei. Bis dahin wurden jedoch 100 Episoden produziert, eine beachtliche Anzahl für eine Trickfilmserie. Das Ende wurde offen gehalten (Arnold erkennt, dass seine Eltern womöglich noch am Leben sind, und er findet auch eine mysteriöse Karte).

Wer die damaligen Folgen noch mal ansehen will – die komplette Serie gibt's natürlich auf DVD im Handel!

ROCKOS MODERNES LEBEN

DIE ABENTEUER VOM KÄNGURU ROCKO UND SEINEN FREUNDEN!

Foto: Turbine Medien GmbH

Rocko, sein bester Freund Heffer Wolfe, die Schildkröte Filburt, der Hund Spunky und die Nachbarn (ein Krötenpärchen) – das sind die Helden der Zeichentrick-Serie **„Rockos Modernes Leben"**. Im Vordergrund steht das männliche Wallaby-Känguru Rocko. Es lebt in einer amerikanischen Kleinstadt und dort passiert so einiges. Jedenfalls genug, um 52 Folgen à 22 Minuten zu füllen, wobei diese eigentlich auch immer in zwei Episoden unterteilt wurden.

Vor der Serie war Rocko eine reine Comicfigur, doch niemand wollte den Comic verlegen. Eine Bleistift-Skizze des Erfinders Joe Murray überzeugte schließlich Nickelodeon. Aus „The Rocko Show" (dem Projektnamen) wurde dann „Rocko's Modern Life" und die Serie ging 1993 mit der Pilotfolge auf Sendung (bei uns allerdings erst 1995 mit dem deutschen Start von Nickelodeon). Seit einiger Zeit existiert eine Komplettbox mit allen produzierten Episoden. Mitte 2017 folgte die Ankündigung einer Filmfortsetzung der beliebten Zeichentrick-Serie („Rocko's Modern Life: Static Cling"). Natürlich wieder unter Federführung von Nickelodeon bzw. „nick", wie sich der Sender heute in Deutschland nennt.

CATDOG

Katze oder Hund? Oder beides?

Es mag überraschend klingen, aber der Hund heißt „Dog“ und die Katze „Cat“. In 22 Minuten ging es bei **„Catdog“** eigentlich nur darum, dass Dog ziemlich dümmlich ist, aber auch immer positiv eingestellt. Cat hingegen ist pessimistisch und ziemlich clever. Blöd nur, dass sie sich einen Körper teilen müssen. Genau darin liegt der Konflikt, wenn die beiden gegen die drei Hunde und eine Maus antreten müssen, von denen sie in den 66 Folgen der drei Staffeln ständig herausgefordert werden. Aber auch bei dieser Serie gibt es noch jede Menge weiterer Charaktere, die die Geschichten aufpeppen. RTL begann 1999 mit der Ausstrahlung, da lief sie in den USA aber schon fast ein Jahr und hatte einen großen Fan-Kreis. Im deutschsprachigen Raum wurde die Serie ebenfalls schnell ein Hit. 2014 erschien eine schön designte DVD-Box, die alle drei Staffeln und viele Extras enthält.

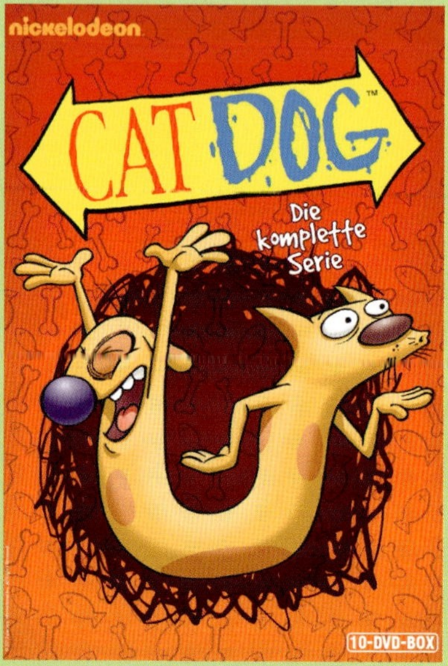

Foto: Turbine Medien GmbH

DIE BIBER BRÜDER

Zwei Biber und jede Menge Spaß!

Foto: Turbine Medien GmbH

Nickelodeon strahlte **„Die Biber Brüder“** in Deutschland ab 1998 aus. Als der Sender wenig später eingestampft wurde, übernahm RTL die Serie, anschließend SUPER RTL. Von 1997 bis 2001 entstanden mehr als 60 22-minütige Episoden und die waren vollgepackt mit Geschichten rund um zwei Biber! Norb (eigentlich Norbert) und Dag (eigentlich Daggett), die immer „sputtelig“ zu sagen pflegen und gerne Horrorfilme sehen, sind zwei Brüder. Der eine intelligent, der andere weniger. Und wie in einigen anderen Fällen sorgte das natürlich für ordentlich Unterhaltung vor dem Fernsehgerät.

2014 veröffentlichte das Unternehmen Turbine Classics eine auf 2.222 Stück limitierte DVD-Box der kompletten Serie. Nachdem diese allerdings innerhalb kürzester Zeit vergriffen war, produzierte man schnell nach und brachte gleich eine neue Auflage (sogar eine Blu-ray-Variante mit nur zwei Silberlingen) heraus. Das Ganze in einem einwandfreien Design, mit einer geordneten Episoden-Abfolge und sogar der Pilotfolge, die im deutschsprachigen Raum nie gezeigt wurde. Nur in Amerika lief sie, weshalb es bei uns immer nur 62 statt 63 Folgen waren. Besonders die letzte Folge dürfte übrigens ein Hochgenuss für alle Fans sein, denn da dreht sich alles um die Absetzung der Serie. Während Dag gar nicht nachvollziehen kann, weshalb der Sender die Produktion stoppt und ganz schön geschockt ist, als er erfährt, dass er eigentlich nur eine fiktive Figur aus einer Zeichentrickserie ist, amüsiert sich Norb köstlich über seinen Bruder. Die Chefetage von Nickelodeon war darüber Gerüchten zufolge so gar nicht amüsiert.

WEIHNACHTSMANN & CO. KG

„DASS ICH SO GERN EIN FAHRRAD MÖCHT' …"

Foto: © MARATHON / FRANCE 3 / CINÉ–GROUPE 1997

„… gelbe Streifen wär'n mir recht und Speichen, die wie Silber sind!"

Alle Jahre wieder startet SUPER RTL Ende November mit der Ausstrahlung von **„Weihnachtsmann & Co KG"**. Und dann darf man bis Weihnachten jeden Tag auf der Couch liegen und die Geschichten rund um den Weihnachtsmann, seine Gehilfen und natürlich Grantelbart verfolgen! Wahrscheinlich gibt es auch bei dieser Serie eine ganz bestimmte Folge oder Szene, an die sich jedes 90er-Kid erinnert. Vielleicht ja z. B. an „Die Weihnachtsmann-Prüfung" bei der sich der Weihnachtsmann nach 100 Jahren wieder einem Test unter der Aufsicht von drei Prüfern stellen muss? Ist ja klar, dass Grantelbart nichts unversucht lässt, den Weihnachtsmann in die Pfanne zu hauen, damit dieser seine Lizenz verliert und er seinen Job übernehmen kann. Überraschung: Es gelingt ihm nicht! Wie auch in allen anderen Folgen der Serie.

Trixi, Jordi, Gilfi und Balbo wurden die Lieblinge für viele Kinder, da konnte der weise Santa schon mal schnell in den Hintergrund rücken. Und jedes Mal freuten wir uns, wenn es Grantelbart und Gugor nicht gelang, den Weihnachtsmann und die anderen reinzulegen. Dann kam nämlich stets der Bumerang zurück und traf die zwei Gesellen ziemlich hart. Gut, manchmal konnten die beiden einem echt leidtun. Ach, natürlich waren da auch noch Rudolph, Donner und Blitz, die die Geschichten zusammen mit den kleinen Pinguinen komplettierten. 26 Folgen wurden 1997 produziert und schon im gleichen Jahr begann SUPER RTL mit der Ausstrahlung. Die Serie ist übrigens eine französische Idee, die vom öffentlich-rechtlichen TV-Sender France 3 in Zusammenarbeit mit zwei weiteren Produktionsunternehmen umgesetzt wurde. Sicherlich reiben sich die Macher noch heute die Hände, wenn sie Jahr für Jahr die weltweiten Einschaltquoten sehen.

Verdient haben sie es sich in jedem Fall, lieferten sie uns doch eine der erfolgreichsten Zeichentrick-Serien nicht nur der 90er, sondern der gesamten TV-Geschichte! In der englischen Variante lautet der Titel übrigens „The Secret World Of Santa Claus". **„Weihnachtsmann & Co. KG"** klingt aber auch gar nicht so schlecht, oder?

Die Edel Germany GmbH hat die beliebte Weihnachtsserie als Komplettbox auf DVD veröffentlicht. Alle Folgen gibt es auch als Hörspielproduktion. Doch auch wenn wir einfach bis November warten und alle Episoden allabendlich bei SUPER RTL anschauen … wichtig ist ja am Ende nur, dass wir uns jedes Mal schon mit den ersten Bildern und dem legendären Titelsong in unsere Kindheit zurückversetzt fühlen, stimmt's?

DIE VERLORENE WELT

FÜNF ABENTEURER AUF DER REISE IHRES LEBENS!

Foto: Pidax/Multicom

Unsere 90er-Serie **„Die Verlorene Welt"** ging erst 1999 auf Sendung, und zwar bei ProSieben. Begonnen hat alles mit einem Pilotfilm, der sozusagen den Teppich für die Serie ausrollte (wobei da noch ein anderer Schauspieler den Edward Malone, ganz rechts im Bild, verkörperte). Nun aber zur Story: Ein Visionär, eine reiche Erbin, ein Großwildjäger, ein Wissenschaftler und ein Reporter – die Expeditionsgruppe um den Professor Challenger (Darsteller Peter McCauley spielte übrigens auch in „Hercules" und „Xena" mit) macht sich 1923 auf den Weg in den Amazonas, denn sie vermutet, dass dort vielleicht noch Dinosaurier leben könnten. Im Dschungel angekommen, treffen sie auf Jennifer O'Dell in der Rolle der schönen Veronica, die ihnen anbietet, in ihr Baumhaus einzuziehen. Dort lebt sie seit bereits elf Jahren und ist froh über die neue Gesellschaft. Anschließend beginnt für alle das große Abenteuer.

Die Serie kam aufgrund des Romans „Die Vergessene Welt" von Autor Sir Arthur Conan Doyle („Sherlock Holmes") zustande. Deswegen lautet der englische Titel der Serie auch „Sir Arthur Conan Doyle's The Lost World". Allerdings hält sich nur eine Hälfte des Pilotfilms an die Buchvorlage, der Rest ist frei hinzugedichtet. Und natürlich sind die Spezialeffekte auch nicht auf dem „Jurassic Park"-Niveau. Trotzdem war die Serie durchweg unterhaltsam und zählt auf jeden Fall für viele

90er-Kids zu ihren Lieblingen, auch wenn sie erst Ende des Jahrzehnts im TV anlief. Drei Staffeln wurden von 1999 bis 2002 zum größten Teil in Australien, aber auch in Kanada und Neuseeland gedreht. Ursprünglich waren auch schon 16 der 22 geplanten Episoden für die 4. Staffel fertig konzipiert, doch dazu kam es leider nicht mehr, man setzte die Serie ab. Die 3. Staffel war allerdings schon abgedreht, somit gab es kein richtiges Ende.

Wer jetzt Lust hat, sich alle Folgen noch einmal anzusehen, kann sich freuen, denn mittlerweile sind sämtliche Staffeln auf DVD erhältlich.

Foto: Pidax/Multicom

Foto: Pidax/Multicom

HERCULES

Keiner war stärker als Hercules!

Foto: im Vertrieb von SchröderMedia Handels GmbH

Von diesem ganz speziellen **„Hercules"** gab es 1994 zunächst fünf Filme, die alle sehr gut angenommen wurden. Dann folgte im Dezember 1995 die RTL-Ausstrahlung der ersten Folge einer Serien-Adaption. Hierfür bediente man sich dezent der Legenden des griechischen Göttersohns Herakles. Und wie wird dieser auf Lateinisch geschrieben? Genau, Hercules! Man mixte die Legenden mit sehr viel Action sowie fiktionaler Handlung, und schon waren zahlreiche Abenteuer samt der erfundenen Mitstreiter geboren, die hin und wieder durch Kriegerin Xena, die andere Heldin der Serienschöpfer, aufgemischt wurden.

110 Episoden kamen im Laufe der fünf Produktionsjahre zusammen und jede von ihnen enthielt 45 Minuten voller Action und Spannung. Den amerikanischen Schauspielern Kevin Sorbo und Michael Hurst gelang es, die Fans immer wieder vor die Flimmerkiste zu locken. Kein Wunder, dass die Serie zum Hit wurde, schließlich war sie ja auch so aufgebaut, dass sie sich selbst nicht zu ernst nahm. Und genau das gefiel uns Zuschauern! Die Einschaltquoten blieben weltweit konstant auf einem sehr hohen Level, was dafür sorgte, dass die Verantwortlichen Staffel um Staffel verlängerten.

Foto: im Vertrieb von SchröderMedia Handels GmbH

Erst 1999 war dann Schluss mit der Fernsehserie, die Geschichte von **„Hercules“** war zu Ende erzählt. Nach der Serie gab es neben „Xena“ auch noch einen weiteren „Hercules“-Ableger, nämlich „Der junge Hercules“. Und wer spielte da den Halbgott? Richtig, Ryan Gosling!

Alle sechs Staffeln von **„Hercules“** gibt's seit 2010 auf DVD, sogar als komplette Sammlerbox. Danke an SchröderMedia dafür! Die insgesamt 34 DVDs ergeben 5370 Minuten Retro-Feeling pur, und das für unter 100 Euro!

XENA

Die Kriegerprinzessin verdrehte allen männlichen Zuschauern die Köpfe!

Foto: im Vertrieb von SchröderMedia Handels GmbH

Xena verdrehte nicht nur allen männlichen Zuschauern die Köpfe, sondern auch ihren Gegnern! Wenn Xena mal nicht die bloßen Hände verwendete, nutzte sie ihre Schwerter und eine Wurfwaffe namens Chakram. Ab Oktober 1996 (einen Monat, bevor in Deutschland die Bäcker auch sonntags öffnen durften) strahlte RTL die Serie **„Xena"** aus. In der ersten Folge ist Xena noch eine Gesetzlose, sie plündert und mordet, was das Zeug hält. Doch dann kommt Hercules, der bereits ein Jahr zuvor im deutschen TV sein Debüt erhielt (mit Xena an seiner Seite), und weist sie zurecht. Nun fehlt nur noch eine Gefährtin, die sie in der durchweg guten Gabrielle findet. Dank der beiden wird Xena zur Kämpferin für die Guten. Gemeinsam bereisen sie und Gabrielle das Land und stürzen von einem Abenteuer ins nächste. Endlos viele Gegner warten darauf, von den Mädels verprügelt zu werden. Ganze 134-mal konnten wir ihnen für jeweils 44 Minuten bei ihrer Reise zusehen. Und das taten wir sehr gerne – die Einschaltquoten gehörten zu den höchsten aller 90er-Serien!

Foto: im Vertrieb von SchröderMedia Handels GmbH

Während der Produktion waren gleich mehrfach die spontanen Erfindungskünste der Drehbuchautoren gefragt, z. B. als sich die Xena-Darstellerin Lucy Lawless beim Dreh schwer verletzte und erst einmal nicht weiterspielen konnte. Oder als sie später während der Dreharbeiten zu Staffel 5 schwanger wurde. Erst 2001 war nach sechs Staffeln Ende Gelände. Seitdem warten Xena-Fans sehnsüchtig auf einen neuen Film, der immer wieder ins Gespräch gebracht wurde und uns Xenas weiteren Lebensweg erzählen könnte.

Auch alle sechs Staffeln **„Xena"** gibt es heute auf DVD zu erwerben!

Foto: im Vertrieb von SchröderMedia Handels GmbH

POWER RANGERS

KEIN BÖSEWICHT KAM GEGEN SIE AN!

Foto: 2022 SCG Power Rangers LLC and Hasbro.
Nutzung mit Zustimmung des Rechteinhabers.

RTL spendierte uns ab April 1994 jeden Samstag eine Episode unserer beliebten 90er-Serie **„Power Rangers"**. Und nicht nur die Jungs waren begeistert! Dabei sah es anfangs gar nicht so aus, als würde die Serie überhaupt in Produktion gehen. Erfinder Haim Saban und sein Mitstreiter Shuki Levy produzierten auf eigene Faust eine Folge, die sie extra für den amerikanischen Markt konzipierten. Allerdings fiel diese gnadenlos bei sämtlichen Fernsehstudios durch und wurde nie gesendet, weshalb man sie in Kennerkreisen auch als „Lost Episode" bezeichnet. Die Jungs gaben allerdings nicht auf und so entstand ein Jahr später eine neue Folge – „Die Rückkehr der Hexe". Und die kam so gut bei FoxKids an, dass man sie direkt ausstrahlte. Auch das Publikum war begeistert und schrie nach mehr. Ja, es bekam mehr! FoxKids orderte gleich 40 Folgen und anschließend 20 weitere, welche allesamt prompt einschlugen! Die Actionfiguren von BANDAI wurden ebenfalls zu Verkaufsschlagern. Der Beginn einer internationalen Erfolgsgeschichte!

Sechs Menschen schlüpften in bunte Anzüge und retteten unsere Welt mithilfe von Waffen und Zords (die echten Fans wissen, was gemeint ist!). Rot, gelb, blau, grün, schwarz und pink waren die Anzüge, wobei es seit damals öfters mal Änderungen gab. Mehr als 20 Staffeln wurden bis heute produziert. Sie erhielten zwar nicht alle ihren eigenen Titel, aber ab der 6. Staffel eine eigene Handlung. In den vorherigen ging es nämlich mehr oder weniger um dieselben Personen und deren Weiterentwicklung. Im April 1994 hielten die **„Power Rangers"** dann auch bei RTL Einzug. Samstagvormittags hieß es von nun an: Zeit für die

Foto: 2022 SCG Power Rangers LLC and Hasbro.
Nutzung mit Zustimmung des Rechteinhabers.

„Power Rangers"! Weil diese ihre Probleme immer mit Gewalt lösten, ging damals jedoch ein Aufschrei durch die Medienwelt, angeheizt von zahlreichen Pädagogen, die sich zu Wort meldeten. Aber der Sender hielt an dem Quoten-Hit fest. Komischerweise waren viele der deutschen Ausgaben allerdings immer etwas kürzer als die Originalfassung und RTL strahlte sie auch noch durcheinander aus. Nun ja. Später übernahmen jedenfalls SUPER RTL und Nickelodeon (ab Staffel 18). Man lieferte uns somit jede Menge „Power Rangers"-Nachschub!

Heute sind viele „Power Rangers"-Staffeln auch als DVD-Ausgaben im Handel erhältlich. Aber es gab nicht nur die Serien, sondern auch Filme und ziemlich viele Merchandise-Artikel (Figuren und Co.).

Foto: 2022 SCG Power Rangers LLC and Hasbro.
Nutzung mit Zustimmung des Rechteinhabers.

1995 kam z. B. „Power Rangers – Der Film" heraus und zwei Jahre später folgte „Turbo – Der Power Rangers Film".

2017, ganze 20 Jahre nach dem letzten Film, lief ein Reboot-Streifen in den Kinos an. Diesmal hatten die Kostüme einen metallischen Look und waren auf Hochglanz poliert. Natürlich setzte man die neuesten Spezialeffekte ein, die die Computerwelt zu bieten hatte. Auch storytechnisch gab es eine Überarbeitung. Außenseiter-Teenager bekamen diesmal die Superkräfte. Die echten „Power Ranger"-Fans sind sich relativ einig: Das wurde richtig gut umgesetzt! Doch irgendwie ging der Film an den Kinokassen unter. Nur etwa 140 Millionen Dollar wurden weltweit eingespielt. Und das bei einem Budget von 100 Millionen Dollar ohne Werbekosten. Immerhin ist der DVD-Start in den USA und auch weltweit sehr gut gelaufen! Der Titelsong „Legendary" von Welshly Arms wurde zum Radio-Hit und ist damit wohl wesentlich bekannter als der Film selbst.

Sämtliche Staffeln der Serie hat justbrigdge entertainment übrigens auf DVD und Blu-ray veröffentlicht.

Foto: 2022 SCG Power Rangers LLC and Hasbro.
Nutzung mit Zustimmung des Rechteinhabers.

SABRINA – TOTAL VERHEXT!

Eine US-Sitcom der besonderen Art!

Foto: KSM GmbH

Was schon ab 1996 in den USA erfolgreich über die Bildschirme flimmerte, kam 1998 auch unter dem Titel **„Sabrina – total verhext!"** nach Deutschland und erfreut sich heute noch größter Beliebtheit! Sabrina wohnt bei ihren Tanten und als sie 16 Jahre alt wird, sagt man ihr, dass sie eine Hexe ist. Nicht zu 100 Prozent aber immerhin eine halbe Hexe. Und von da an läuft alles anders. Sie lernt zu zaubern und bereitet sich darauf vor, die Hexenlizenz zu erhalten, damit sie endlich ihre Mutter sehen kann. Nahezu die gesamte Story ringsherum ist schon ziemlich kurios. So gibt es z. B. einen sprechenden schwarzen Kater, der den Namen Salem trägt und ursprünglich mal ein Bösewicht war, dann aber von einem Hexenrat verwandelt wurde, und nun müssen Sabrinas Tanten auf ihn aufpassen.

Besonders die 90er-Teenies waren so begeistert von der Serie, dass sie insgesamt sieben Staffeln erhielt. Über 160 Folgen mit etwa 20 Minuten produzierte man, um dem Verlangen nach Hexen gerecht zu werden. Zurückzuführen ist die Figur der Hexe Sabrina übrigens auf einen Comic. „Sabrina – The Teenage Witch" hieß dieser und war der erfolgreichste Comic des amerikanischen Verlags Archie Comics (erschien bereits Anfang der 60er). Es dauerte allerdings keine zehn Jahre, bis man eine Zeichentrick-Serie produzierte und diese in den USA ausstrahlte. Wiederum zwei Jahrzehnte später folgte dann ein Realfilm, der so gut ankam, dass eine Serie mit fast kompletter Neubesetzung (mit Ausnahme von Sabrina-Darstellerin Melissa Joan Hart und einer weiteren Kollegin) in Auftrag gegeben wurde. Die uns bekannte Serie wurde bis 2003 gesendet. Zeitgleich produzierte man in den USA allerdings noch eine Zeichentrick-Ausgabe. 2000 lief diese auch in Deutschland unter dem Namen „Simsalabim Sabrina" an. Ganze 14 Jahre nach Absetzung der Realserie folgte schließlich die Ankündigung eines Netflix-Reboots. Alle alten Folgen gibt's auf DVD.

Foto: KSM GmbH

ICH BIN DAAAAAAA, WER NOOCH!?

DIE DINOS

Foto: ullstein bild - United Archives

1993 startete bei uns eine der beliebtesten Serien der 90er – **„Die Dinos"**! Der Name war natürlich Folge für Folge Programm. In 65 Episoden, die jeweils 22 Minuten liefen, ging es um die Dinosaurier-Familie Sinclair mit Vater Earl, Mutter Frances, Sohn Robert und Tochter Charlene. Ach so, da war ja auch noch ein ziemlich nerviges Baby, das immer nur „Baby Sinclair" genannt wurde. Auch wenn man den richtigen Namen nicht kannte, die Standard-Sprüche kennt jeder. *„Nicht die Mama!"*, *„Ich bin das Baby, du musst mich lieb haben!"* oder bei lustigen Ereignissen *„Noch maaaaaaal!"*. Und natürlich wollen wir auch nicht die Schwiegermutter vergessen sowie den verhassten Chef, der auf gar keinen Fall eine Gehaltserhöhung zulassen wollte – niemals!

Für alle Figuren gab es 17 riesige Ganzkörper-Kostüme mit einer Menge verbauter Technik. Richtige Schauspieler schlüpften in sie hinein und sämtliche Gesichtszüge konnten ferngesteuert werden. Und da es in den riesigen Kostümen ziemlich heiß werden konnte (von bis zu 50 Grad ist die Rede), mussten Ventilatoren für die Belüftung sorgen. In den Drehpausen waren die Schauspieler dann gezwungen, die Köpfe abzunehmen und viel zu trinken. Nebenher fertigte man auch noch 50 kleine Stock-Handpuppen an, um die einzelnen Episoden auszuschmücken.

In der letzten Folge wurde uns Zuschauern klargemacht, dass eine erneute Eiszeit alle übrig gebliebenen Dinosaurier auslöschen würde. Das war zwar das Ende der Serie und wir sollten nie erfahren, was mit unseren geliebten Dinos passierte, doch jetzt stand fest: Sie existieren nicht mehr. Jedenfalls hat keiner der Ganzkörperanzüge überlebt. Lediglich eine Puppe konnte sich durchschlagen – die originale Baby-Sinclair-Puppe, die in Amerika vom Puppenspieler Kevin Clash (auch Elmo in der Sesamstraße) gesprochen wurde, obwohl er eigentlich für eine ganz andere Rolle vorgesehen war. Als einzig überlebende Puppe der Serie sitzt das Baby Sinclair jedenfalls in den Studios des Jim Henson's Creature Shops in London herum. Aber wahrscheinlich nicht mehr lange, denn das Material, aus dem die Puppe gefertigt wurde, zerfällt Jahr für Jahr immer mehr, weshalb die Dinos bald gänzlich ausgestorben sein werden.

Trotzdem wird es wohl kein 90er-Kind geben, das den Satz *„Bin daaa, wer nooch!?"* jemals vergisst. In der englischen Variante hieß es aber eigentlich *„Honey, I'm home!"*, was damals in Amerika eine sehr gängige Begrüßung beim Heimkommen war. Die Übersetzer haben sich in vielen Fällen allerdings ein wenig Spielraum gelassen und dadurch ja auch letztendlich für ein Hauptmerkmal der Serie gesorgt.

Alle sechs Staffeln von **„Die Dinos"** sind dank capelight pictures auf DVD erhältlich! Allerdings muss man 1430 Minuten Zeit mitbringen, um sich die neun DVDs komplett anzuschauen. Für die wirklichen Fans der beliebten 90er-Serie sollte aber selbst das kein Problem darstellen.

FAKT ODER FIKTION?

X-FACTOR – DAS UNFASSBARE

Foto: Copyrights © RTLZWEI

Gerade für ein Kind ist die Kult-Sendung **„X-Factor – Das Unfassbare"** mit den endlos vielen kleinen Filmchen enorm gruselig! Gut, dass sie nicht noch abends vor dem Zubettgehen gesendet wurde. 1998 hat alles begonnen. RTL ZWEI wagte sich an die Spooky-Show und schenkte uns damals jeden Mittwoch eine neue Folge. Moderiert wurde Staffel 1 noch von James Brolin, während ab der 2. Staffel der uns sehr gut bekannte Jonathan Frakes übernahm. Erinnerst du dich auch noch an eine ganz bestimmte Folge? Beispielsweise an „Sieben Stunden Pech" – die Geschichte mit dem zerbrochenen Spiegel, den die Frau laut ihrer Freundin sieben Stunden lang unberührt lassen soll? Nach sechseinhalb Stunden und einer Pechsträhne im Haushalt versucht plötzlich ein Mann ins Haus einzubrechen. Er wird letztendlich von einer Glasscherbe aufgespießt und vertrieben. Laut Berichten ist dies in den 90ern in Washington D.C. tatsächlich so geschehen.

Aberglaube hin oder her – insgesamt gab es vier Staffeln mit 45 Episoden, das macht zusammen 225 kleine gespenstische Storys. Fünf waren nämlich in jeder Folge zu sehen und am Ende mussten wir entscheiden, welche wirklich so ähnlich stattgefunden haben oder welche einfach nur frei erfunden sind.

Manchmal musste einfach jemand zwischen Raum und Zeit seine Finger im Spiel gehabt haben, es kann gar nicht anders sein. Natürlich sind die Geschehnisse auch nicht haargenau so abgelaufen, sie waren am Ende ja nur von Erzählungen inspiriert und dann nachgestellt. Eine Folge beschäftigte sich übrigens mit der Vorhersage des Titanic-Untergangs. Außerdem entging ein Kirchenchor nur um Haaresbreite einer Gasexplosion, und zwar nur, weil die Mitglieder allesamt zu spät zur Probe kamen. Diese Geschichte ist beispielsweise belegt und wirklich so geschehen, wie die Mitglieder des Chores damals im Anschluss an die Sendung berichteten. Wenn wir ehrlich sind, haben wir bei den meisten anderen Geschichten allerdings auch dann noch nicht daran geglaubt, wenn der Moderator sie als „WAHR" enttarnte, oder? Übrigens: Wer einmal genau hinhört, wird feststellen, dass während der Filmchen an bestimmten Stellen permanent schrille oder besonders tiefe Töne zur Untermalung eingespielt werden. Ein kalkuliertes Mittel der Macher! Denn diese Töne lösen bei uns Menschen unterbewusst Bedrohung und Angst aus, finden deshalb auch in jedem Horrorfilm Verwendung. Trotzdem schalteten wir immer wieder ein, die Spitzenwerte der Einschaltquoten rissen nicht ab. Da hat die Produktionsfirma auf jeden Fall alles richtig gemacht!

„X-Factor – Das Unfassbare" läuft seit 2006 wieder regelmäßig bei RTL ZWEI, ab 2021 sogar mit neuen Gruselfilmchen und einem ergrauten Jonathan Frakes. Minimum eine halbe Million Zuschauer kann der Sender so jedes Mal vor dem Fernseher fesseln!

MEDICOPTER 117

DAS RETTUNGSKOMMANDO MIT DEM ROT-GELBEN HUBSCHRAUBER!

Foto: KSM GmbH

In 45 Minuten mussten die Rettungsflieger von **„Medicopter 117"** ab 1998 einem oder gleich mehreren Verletzten im Gebirge helfen. Zunächst beschränkte sich alles immer auf die Rettung von Zivilpersonen, die z. B. durch Bergsteig- oder Skiunfälle verunfallten. Ein Glück, dass rund um die Uhr ein Team (Pilot, Notarzt und Notfallsanitäter) bereitstand, um die Notfälle zu übernehmen. Später war jedoch immer häufiger die Action im Vordergrund. Bomben, Entführungen und weit mehr Stunts wurden eingebracht, um die Zuschauer bei Laune zu halten.

Foto: © KSM GmbH

Die Stunts sorgten auch ein paar Mal für Zwischenfälle, obwohl Sicherheitsexperten und Crew immer aufmerksam waren. Wirklich geflogen hat die Maschine (die MBB/Kawasaki BK 117) übrigens immer nur einer, nämlich Pilot Hans-Jürgen Ostler. Sieben Staffeln drehte das Team in Österreich (und auch mal in Südbayern) mit ihm, wodurch bis 2007 insgesamt 85 Episoden **„Medicopter 117"** entstanden. Vorbildlich reagierten alle im Jahr 2002, als der Osten und der Süden Deutschlands unter Wasser standen. Man unterbrach die Produktion, um die Helikopter zur Hilfe hinauszusenden (natürlich mit echten Sanitätern!).

Ab 2008 bescherte uns KSM eine Staffel nach der anderen auf DVD, 2014 sogar eine Komplett-Box! Die alten Folgen werden aber auch des Öfteren im Fernsehen ausgestrahlt.

KOMMISSAR REX

DER BELIEBTESTE HUND DER 90ER!

Foto: ullstein bild - United Archives / kpa

Wie gerne wir Rex doch am liebsten daheim gehabt hätten, oder? Und sicher erinnert sich auch noch jeder an den Vorspann, bei dem Rex durch eine Glasscheibe springt. Der Kriminal-Hund mit der Vorliebe für Wurstsemmeln löste von 1994 bis 2004 sämtliche Fälle mit verschiedenen Herrchen an seiner Seite. Im November 1994 begann alles mit Folge 1 von **„Kommissar Rex“**.

Rex, Richard Moser (von Tobias Moretti gespielt), der Assistent Ernst Stockinger (Karl Markovics) und die anderen Kriminalinspektoren namens Max Koch (Fritz Muliar) und Peter Höllerer (Wolf Bachofner) – sie waren DAS Dream-Team in ihrer Heimatstadt Wien.

Foto: ullstein bild - United Archives / Impress Eigen

Die Zuschauer liebten sie! Eine Einschaltquote von zehn Millionen kam des Öfteren zustande! Doch bald war Schluss mit dem starken Team, denn zuerst verließ Ernst Stockinger die Serie, weil er mit seiner Frau nach Salzburg zog (wurde von Kriminalinspektor Christian Böck ersetzt, gespielt von Heinz Weixelbraun). Und dann starb am Anfang der 4. Staffel auch noch Serienliebling Moser im Einsatz. Ihm folgte Alexander Brandtner, der meist nur Alex genannt und von Gedeon Burkhard verkörpert wurde. Es stellte sich schnell raus, dass er die beste Wahl für einen Nachfolger war. Funfact: Schauspieler Gedeon war bereits in Staffel 1 von **„Kommissar Rex"** zu sehen gewesen, und zwar als Bösewicht!

Nicht nur im deutschsprachigen Raum war die Serie ein Erfolg. Man verkaufte sie in über 100 Länder, wo sie ebenfalls einen überwältigenden Zuspruch fand. Im Laufe der Jahre gab es natürlich noch viele Rollen-Wechsel, auch bei Hund Rex. In Deutschland erschienen die Staffeln 1 bis 4 übrigens auf DVD und die Folgen laufen auch hin und wieder noch im TV.

TECHNIK

Die 90er waren so vollgestopft mit neuer Technik wie diese Seite mit Text. Da wären zum Beispiel die Pager, die schon bald zum Ausstellungsstück im Museum avancierten, als die ersten SMS-fähigen Handys auf den Markt kamen. Damals zahlte man für ein Mobiltelefon schnell mal 1.500 DM (wobei man es auch schon für 300 haben konnte, wenn man einen teuren Tarif hinzubuchte). In jedem Fall konnten die Telefonat-Gebühren anfänglich schnell mal – Achtung – 200 DM pro Monat betragen! D1 und D2 machten das Telefonieren jedoch irgendwann erschwinglicher und schließlich waren auch die eigentlichen Handys gar nicht mehr soo schwergewichtig.

Zu Hause stand unser Heimcomputer. Mit ihm waren wir das allererste Mal im Internet. Vorausgesetzt, wir packten es, Windows 95 mit dem inkludierten Internetbrowser zu installieren. Ja, das war ein Schritt, bei dem viele Menschen verzweifelten, was aber auch kein Wunder ist, immerhin waren wir doch damals alle noch Computer-Laien. Der Discman löste währenddessen so ganz langsam den Walkman ab und die DVDs die Videokassetten, was das lästige Zurückspulen endlich beendete (die Silberlinge hatten jedoch auch einen Nachteil – Aufnehmen war nicht drin!). Passend dazu präsentierte man uns 1996 die ersten Flachbildfernseher. Schon damals gaben die Hersteller zu, dass es wohl erst um die Jahrtausendwende zur Kommerzialisierung kommen würde. Und das hatte auch einen Grund: Zur Markteinführung ging es nämlich um happige 20.000 DM pro Gerät! Dieser Preis-Hammer sollte sich mit dem Millennium wenigstens schon mal halbiert haben.

Die Zeit mit sichtbaren Pixeln oder das laute Piepen und Knarzen beim Einwählen ins Internet vermissen wir zwar eher weniger, doch unsere alten Konsolen umso mehr. Ob Sony's PlayStation oder die Spielekonsolen von SEGA und Nintendo – die 90er waren DAS Jahrzehnt der technologischen Revolutionen im Spielebereich.

SUPER NINTENDO & NINTENDO 64

ZWEI BESONDERS BELIEBTE KONSOLEN DER 90ER!

Foto: Nintendo

Das Super Nintendo Entertainment System (kurz: SNES oder eben einfach nur: **Super Nintendo**) erschien in Europa im April 1990 als Nachfolger des NES der 80er-Jahre. Der Preis betrug zur Einführung 329 DM, wobei dafür das Spiel „Super Mario Land" inkludiert war. Die Controller hatten nur ein Steuerkreuz und waren den PlayStation-Controller knopftechnisch ziemlich ähnlich. Ein Spiel, das mit der Konsole seinen Anfang fand, ist „Mario Kart". Online gegen Spieler anderer Kontinente anzutreten, wäre damals natürlich eine reine Wahnvorstellung gewesen, doch die technische Entwicklung braucht ja nun mal ihre Zeit. Heute ist „Mario Kart" mit über 100 Millionen verkauften Exemplaren eines der beliebtesten Videospiele überhaupt! Weitere Kult-Spiele für die Nintendo-Konsole waren z. B. „Mega Man", „The Legend of Zelda: A Link To The Past", „Super Metroid", „Secret of Mania", „Street Fighter II" oder „Donkey Kong Country".

Heute berichtet Nintendo von etwa 49 Millionen verkauften **Super Nintendos**. Er ist also eine ihrer erfolgreichsten Konsolen. Zu Recht hat das SNES deshalb Kultstatus und wird noch sehr oft von Spiele-Fans angeschlossen. Klar, dass Nintendo den Retro-Faktor nutzte, um 2017 eine Mini-Version auf den Markt zu bringen. Die Abkürzung SNES wird übrigens nicht mit getrennten Buchstaben ausgesprochen, sondern in einem Ruck, also praktisch: „Sness". Dies hat Nintendo jedoch erst mit dem Spiel „WarioWare Gold" im Jahr 2018 verraten. In Japan hingegen gab's mit der Aussprache noch nie ein Problem, denn dort wird unser 90er-Entertainment System „Super Famicom" genannt und kommt ganz ohne Abkürzung aus.

Foto: Nintendo

Am 1. März 1997 (also nahezu sieben Jahre nach dem SNES) erschien der **Nintendo 64**. Schon alleine der Controller war eine Neuerung, denn nun hatte dieser eine ähnliche Form wie spätere Controller, allerdings sah er mit dem zusätzlichen Griff in der Mitte (direkt unter dem Joystick) ein bisschen wie ein Dreizack aus. Auch bei dieser Konsole waren die Mario-Titel wieder die erfolgreichsten Spiele und kurbelten den Verkauf der Hardware ordentlich an. 33 Millionen Stück setzte die Firma von ihrem **Nintendo 64** ab, der bis ins Jahr 2003 hergestellt wurde.

GAME BOY

Die erste mobile Spielekonsole der Welt!

Foto: Nintendo

Unser geliebter **Game Boy** kam im September 1990 in Europa auf den Markt und verkaufte sich in den ersten drei Jahren unglaubliche 32 Millionen Mal. Zuerst gab es ihn nur in Grau und auch nur im Doppelpack mit einem Spiel, das wir alle schon einmal gespielt haben – „Tetris"! Es wurde dadurch zum meistverkauften Spiel aller Zeiten! Im Laufe des Jahrzehnts wurden dann unzählige weitere Games produziert, die Branche erkannte das enorme Potenzial nach dem riesigen Pokémon-Erfolg! „Super Mario Land" war beispielsweise eines der ersten Spiele und der Startschuss für eine erfolgreiche Reihe rund um den kleinen Mario mit der roten Kappe und den vielen Freunden, die bald den Spiele-Markt beherrschte. Besonders „Donkey Kong" werden viele Game-Boy-Spieler von damals sicher noch gut in Erinnerung haben. Sehr beliebt war außerdem das „Jump 'n' Run"-Spiel „Duck Tales", wo wir vom Amazonas bis ins Weltall vordringen mussten. Ein weiteres Highlight: „The Legends Of Zelda – Link's Awakening" mit einem recht traurigen Ende für alle Zocker. „Mystic Quest" öffnete die Tür für alle weiteren Final-Fantasy-Spiele. Auch „Mega Man V" und „Metroid 2" waren Kassenschlager. „Metal Gear Solid" und dessen Held Solid Snake waren vor allem bei den Jungs beliebt. Und du? Was war in den 90ern dein Lieblingsspiel auf dem Game Boy?

1994 veröffentlichte Nintendo den **Super Game Boy**, den wir nun mit dem Super Nintendo aus 1992 verbinden und damit alle Game-Boy-Spiele auch am Fernseher spielen konnten. Nachdem enorm viele Geräte des Ur-Game-Boys verkauft wurden, legte Nintendo 1995 eine Special Edition auf, die nun auch Farbe auf die Gehäuse brachte. Es gab ihn ab sofort in Rot, Gelb, Grün, Schwarz oder Weiß, später auch in Blau. Eine transparente Version folgte ebenfalls. Generell gab es hierbei keine Leistungssteigerung gegenüber seinem Vorgänger, er brauchte ebenso vier AAA-Batterien. Allerdings wurde er mit einer Transportbox ausgeliefert, in die sechs Spiele sowie vier Ersatzbatterien passten – immerhin!

Der **Game Boy Pocket**, eine kleinere Version des normalen **Game Boys**, erschien 1995. Dieser benötigte nur zwei Batterien und sein Display war auch kontrastreicher. Später produzierte Geräte verfügten über eine zusätzliche Batteriestand-Anzeige. Der **Game Boy Color**, der unsere Spiele das allererste Mal nicht nur mit schwarzen, sondern auch mit farbigen Pixeln darstellte, erblickte 1998 in insgesamt zehn Farbvarianten das Licht der Welt. Selbst frühere Spiele machte er bunt, indem er die Grautöne konvertierte.

Unbestritten ist, dass es wahrscheinlich niemanden gab, der mit Beginn des neuen Jahrtausends nicht unaufhörlich „Pokémon" auf dem **Game Boy** spielte, nachdem die Serie am 1. September 1999 das erste Mal über die Bildschirme flimmerte. Zuerst erschienen in Europa im Oktober 1999 die „Rote Edition" und die „Blaue Edition". Im Jahr 2000 folgte dann die „Gelbe Edition" mit Pikachu. Nur ein Jahr später erschienen die „Goldene Edition" und die „Silberne Edition" und passend dazu nach weiteren zwei Monaten der **Game Boy Advance** mit der lang ersehnten Hintergrundbeleuchtung. Noch im selben Jahr kam die „Kristall Edition" auf den Markt, in der es uns erstmals möglich war, alternativ eine weibliche Protagonistin zu wählen und mit ihr auf der Suche nach seltenen Pokémons durch Johto zu laufen. Unzählige Spiele folgten und Nintendo setzte die Erfolgsgeschichte des **Game Boys** mit der DS-Serie fort. Über 118 Millionen verkaufte Exemplare (inkl. aller Nachfolger) machten ihn auf jeden Fall zu einer der meistverkauften Konsolen – und das für alle Zeiten!

PLAYSTATION

Die Revulotion aus dem Hause Sony!

Foto: Sony Interactive Entertainment

Was waren das noch für Zeiten, in denen wir vor einem pixeligen Bild des Röhrenfernsehers saßen, mit einem Kabel-Controller spielten und auf einer Memory-Card abspeichern mussten. Die erste **PlayStation** erschien bei uns im Jahr 1995 und wurde bereits zum Weihnachtsgeschäft der Renner schlechthin! Eine Entstehungsgeschichte hat sie auch – und zwar eine sehr interessante. Angefangen hat nämlich alles mit Nintendo und einem Deal-Vorschlag, der wie folgt lautete: Sony soll ein zusätzliches CD-Laufwerk für den Super Nintendo entwickeln und darf im Gegenzug die Technologie der Nintendo-Konsole für eine eigene Konsole nutzen. So weit, so gut – diesen Deal wollte Sony auch eingehen, der Konzern hatte sogar bereits einen Projektnamen für eine mögliche Spielekonsole gefunden, nämlich „Play Station".

Doch dann schloss Nintendo einen Vertrag mit Philips, dem direkten Konkurrenten von Sony. Das war denen dann doch zu bunt. Obwohl der Vertrag zwischen Nintendo und Philips kurze Zeit später aufgelöst wurde, wollte die Chefetage von Sony absolut keine Zusammenarbeit mehr. Im Gegenteil. Sie stürzte sich ohne fremde Technik in die Entwicklung der eigenen Konsole, die dann gegen die von Nintendo antreten sollte. Ob nun Racheakt oder gesundes Konkurrenz-Denken – wie sich herausstellte, gewann Sony das Rennen gegen den Super Nintendo, der bereits drei Jahre früher erschienen war.

Über 100 Millionen PlayStation-Konsolen verkaufte Sony damals weltweit. Vor Einführung der **PlayStation 2** wurde für die erste Generation übrigens der offizielle Name „Psone" eingeführt. Und diese hatte damals einen Arbeitsspeicher von – Achtung – 2 Megabyte! Richtig gehört: Megabyte!

Nun aber zu den Spielen, von denen die meisten zunächst „ganz im Stil der 90er" auf Demo-CDs ausgeliefert wurden. Das allererste war „WipeOut" und kam gemeinsam mit der Konsole. Ein Spiel mit futuristischen Fluggefährten, die in einer Space-Umgebung über den Boden schwebten. Außerdem erschien 1995 ein Spiel mit Würmern. Die „Worms"-Reihe war geboren und sorgte für Spaß in der Gruppe. Ebenfalls einen großen Fan-Kreis baute sich das Hau-Drauf-Spiel „Tekken" auf, weshalb bis heute viele Nachfolger erschienen sind. „Final Fantasy VII", das allererste dreidimensionale Auto-Verfolgungsjagd-Spiel namens „Driver". Ihm folgten die Rennspiele „Destruction Derby" (bei dem auch ein Schaden am Wagen berücksichtigt wurde), „Formula 1" und „Ridge Racer". Die Liste lässt sich unendlich fortsetzen. „Tony Hawk's Pro Skater", das „Jump 'n' Run"-Spiel „Pandemonium", der Shooter „Metal Of Honor", die ersten Ausgaben von „Gran Turismo", die Horror-Games „Resident Evil" und „Silent Hill", „Tomb Raider" mit Hauptfigur Lara Croft und „GTA" aus der Vogelperspektive inklusive einzelner Pixel als fliegende Kugeln. Nicht zu vergessen: Die „FIFA"-Reihe von „EA Sports", welche 1995 mit „FIFA 96" („Ja hat denn der Schiedsrichter Tomaten auf den Augen?") und dem legendären, schnell ausgesprochenen Slogan „EA Sports – it's in the game!" (von uns Kids damals ja noch als „Zinne Gäim" verstanden) begann.

Foto: Sony Interactive Entertainment

All diese Spiele wurden zu Lieblingen der PlayStation-Besitzer. Doch damit nicht genug. Die ersten Helden der Konsolen-Games kristallisierten sich auch schnell heraus und machten die dazugehörigen Spiele zu Millionen-Sellern. Zum einen gab es da den kleinen Fuchs namens Crash aus dem Spiel „Crash Bandicoot", mit dem wir durch den Dschungel rannten, Kisten zertrümmerten, Taler einsammelten und gefährliche Gegner aus dem Weg drehten. Häufig an der Seite von Crash: Joker „Aku Aku" (und das muss man ebenso schnell aussprechen) sowie seine Schwester Coco, das Computer-Genie.

Am Ende stand uns dann stets ein starker Endgegner gegenüber. Wir denken nur zu gerne an Doktor Neo Cortex zurück, oder? Oh Mann, war das manchmal schwer! „Crash" wurde zum kultigsten Kultspiel der **PlayStation**. Es erschienen in den 90ern vier Spiele davon und viele weitere folgten ab 2000. Neu aufgelegt wurde es Mitte 2017 für die **PlayStation 4**.

Eine weitere Kult-Figur war Spyro, der kleine lila Drache, der Feuer spucken und fliegen konnte. In seinem Abenteuerreich war man etwas freier, es war kein klassisches „Jump 'n' Run", man konnte alles in Ruhe kennenlernen, sogar tauchen und dabei alle 12.000 Edelsteine finden. Aber natürlich musste man auch hier Aufgaben erfüllen. Die ersten beiden „Spyro"-Spiele erschienen in den Jahren 1998 und 1999, das Comeback gelang Spyro 2018.

Solid Snake, der Agent, der erstmals 1998 exklusiv auf der **PlayStation** erschien, wurde schnell zum Lieblingscharakter bei den männlichen Teenagern. Man bekam eine Mission und musste sich leise und vor allem clever fortbewegen, um nicht entdeckt zu werden. Ab und an kamen wir natürlich nicht drum herum, Feinde zu erledigen. Hierfür standen einem aber auch Messer, Granaten und Waffen zur Verfügung. Bis heute ist „Metal Gear Solid" eine überaus erfolgreiche Reihe!

Abe, der schlaksige grüne Held der „Oddworld" wurde ebenfalls zu einer erfolgreichen Figur. „Oddworld" war ein klassisches „Jump 'n' Run"-Strategiespiel, das viel Überlegung verlangte, vor allem bei den zahlreichen Rätseln, ohne deren Lösungen man einfach nicht weiterkam (Verzweiflung!). Ziel war es, Abe aus der Fabrik herauszuschleusen, in der er als Sklave den Boden bohnerte. Packte man das, fand die Geschichte ein gutes Ende. Auch heute entwickelt das Studio Oddworld Inhabitants noch Spiele rund um Abe, mittlerweile für nahezu alle Plattformen.

So viel zu den Helden und Spielen. Wie die Erfolgsgeschichte der **PlayStation** weiterging, wissen wir ja alle. Mit Sicherheit werden wir uns auch noch in einigen Jahrzehnten zurückerinnern. An unsere graue Konsole mit der CD-ROM-Klappe, die nach oben schnellte, wenn wir von unseren Eltern wieder ein neues Spiel geschenkt bekamen und sofort loszocken wollten! Heute macht die PlayStation-Abteilung von Sony weit mehr Profit als alle anderen Sparten des Konzerns. 2018 erschien auch von unserer 90er-Playsi eine Mini-Variante mit dem Namen **PlayStation Classic**, 20 vorinstallierten Spielen und zwei Controllern. Und 2020 folgte die **PlayStation 5**. Ein Ende ist für die Kult-Konsole also weiterhin nicht in Sicht!

SEGA

SEGA STEHT VOR ALLEM FÜR EINS – KULT!

Foto: MILLENIUM 2000

SEGA gelang 1990 mit Veröffentlichung der Mega Drive-Konsole in Europa der erste große Wurf. 30 Millionen Einheiten gingen weltweit über den Ladentisch. Der größte Konkurrent für die Konsole wurde der Super Nintendo, der jedoch erst eineinhalb Jahre später erschien und eigentlich auch einen schwächeren Prozessor hatte. (Trotzdem lagen die Verkaufszahlen bei etwa 20 Millionen Exemplaren über denen der **Mega Drive**.) Ein Redesign mit nun sechs Knöpfen folgte 1993. Eine Mini-Version dieser Variante namens **SEGA Mega Drive Flashback** (siehe Foto) bescherte uns AtGames in Kooperation mit Millenium 2000 im Jahr 2017.

Doch nun zurück zu den großen Brüdern. 1994 kam der **SEGA Saturn** in Japan auf den Markt. Die Spielekonsole wurde mit 500.000 Verkäufen innerhalb eines Monats ein sensationeller Erfolg. Die PlayStation erschien dort nur elf Tage später, verkaufte im gleichen Zeitraum allerdings nur 300.000 Einheiten. Dieser Coup sorgte bei SEGA offenbar für Größenwahn. Man verlegte die Markteinführung in den USA und Europa nämlich extra vor, um auch dort dem großen Konkurrenz-Konzern die Stirn bieten zu können. Eine ziemliche Fehlentscheidung. Nun lieferte sich SEGA ein Wettrennen mit Sony und ihrer PlayStation, doch SEGA hatte als reines Videospiel-Unternehmen kaum eine Chance gegen Sony mit dem riesigen Marketing-Budget. Allerdings muss man auch anmerken, dass die PlayStation 100 DM günstiger war (die SEGA-Konsole kostete anfangs 699 DM) und für den Saturn waren auch nur wenige Spiele vorhanden – eine Begleiterscheinung der zu frühen Veröffentlichung.

Insgesamt wurden vom **SEGA Saturn** trotzdem beachtliche zehn Millionen Exemplare an den Mann und die Frau gebracht. Im Film „Vergessene Welt: Jurassic Park 2" aus dem Jahr 1997 wird **SEGA** übrigens von einem Mädchen erwähnt, als sie über die Biologin aus dem Film spricht: „Sie hat nicht mal 'nen SEGA. Das ist doch 'ne Neandertalerin!" Alleine dieser Satz zeigt ja schon das damalige Standing von SEGA. In den 90ern kamen außerdem noch zwei weitere SEGA-Konsolen und zwei Handhelds auf den Markt. Heute stellt SEGA keine Heimelektronik mehr her. Man konzentriert sich voll und ganz auf die Entwicklung von Spielen für PC, Handy, Tablet und die Konsolen von Sony und Nintendo. Trotzdem sind die SEGA-Konsolen mit ihrer damaligen Technologie sowie ihrem größten Helden, der Spielfigur Sonic, ein fester Bestandteil der 90er!

Foto: MILLENIUM 2000

MODE

Die 90er waren auch ein großes Modejahrzehnt! Ziemlich verrückte Trends, denen wir damals nachgegangen sind, oder? Viele von ihnen konnten sich die Jungs und Mädchen einfach bei den Girlgroups und Boygroups abgucken. In dieser Hinsicht war es perfekt, dass sie gleich mehrere Mitglieder mit unterschiedlichen Stilen hatten, ob Buffalos, Bomberjacken, verrückte Frisuren oder Neonshirts. Zur Mode gehört aber natürlich auch die Schulmode. Und damit ist nicht die Schuluniform gemeint, sondern Ranzen und Rucksäcke. Die hatten wir nämlich alle und mit Sicherheit kannst auch du dich noch an dein Schulbuch-Transportmittel erinnern. In dem hatte doch jeder von uns zunächst eine aufklappbare Federmappe und später dann die „Schlamperrolle" (inklusive Pelikan-Füller, in dem nur zu gerne mal die Patrone auslief, und einen Radiergummi, den wir liebevoll „Ratzefummel" nannten und leidenschaftlich gerne mit Bleistiften erstachen oder durchbohrten, bis er schließlich auseinanderbrach).

Natürlich gab es auch genügend Modeerscheinungen! Erinnern wir uns z. B. an die beginnende Tattoo-Mania und unser geliebtes Arschgeweih, das nahezu jede junge Frau zierte und später für zahlreiche Tränenausbrüche verantwortlich war. Oder an die Tattoo-Ketten, die viele Mädchen um den Hals trugen. Oder wie wäre es mit Freundschaftsarmbändern? Von denen mussten wir unbedingt ganz viele haben (denn je mehr, umso beliebter waren wir schließlich – und ja, Wolfgang Petry war sehr beliebt). Oder kennst du noch die Schnullerketten mit Plastikschnullern? Ohrringe waren mega in – ob bei Mädels oder Jungs. Die Spagettiträger-Tops sind es heute wieder! Glitzer-Lidschatten musste bei den Girls immer sein. Die ersten Piercings hatten wir bald in Nase oder Zunge. Getönte Sonnenbrillen dürfen wir bei dieser Gelegenheit auch nicht unerwähnt lassen. Also streif' dir deinen 90er-Snuggie aus 'm Teleshopping über und schau selbst – du wirst garantiert so einige Modemarken und -sünden wieder erkennen!

ADIBREAK

DIE BELIEBTESTE JOGGINGHOSE DER 90ER!

Ein ziemlich luftiger Stoff wurde in den 90ern von adidas vernäht. Natürlich stilecht in Schwarz-Weiß mit Druckverschluss-Knöpfen. Offizieller Name: **Adibreak**. 1995 kam die Hose auf den Markt. Manche 90er-Fans tragen sie auch weiterhin noch, kann man sie doch super einfach hochkrempeln und mal durchlüften, wenn es zu warm wird! Außerdem sitzt sie sehr locker und ist mit ihrem elastischen Gummizug auch noch äußerst bequem! Weißt du noch, wie man sie im Volksmund nannte? Das erwähnen wir hier an dieser Stelle mal lieber nicht. Stattdessen freuen wir uns, dass die **Adibreak** auch heutzutage noch im Handel erhältlich ist.

Foto: adidas

FILA

VOM PULLOVER BIS ZU DEN SCHUHEN – ALLES WAR DABEI!

Eine der Marken, die wie wenige andere für die 90er steht! **FILA** wurde allerdings schon viel früher gegründet, nämlich im Jahre 1911. Und zwar von zwei italienischen Brüdern mit dem Nachnamen Fila. Kleidung für die italienischen Alpen, das war ihr Ziel. Da erklärt sich das Logo plötzlich von selbst, oder? Und jetzt sag' nicht, du hast früher nie „FILs" gelesen – das haben wir dank unserer Grundschul-Schreibschrift doch alle! Nahezu jeder trug damals Klamotten von **FILA** – und zwar nicht nur in der Freizeit. Vor allem die Pullover werden auch heute noch sehr gerne ausgeführt. Aber auch sonst zählt **FILA** im Kleidungssektor zu den stärksten Modemarken dieser Tage!

Foto: FILA Foundation

FISHBONE

DAS BEKANNTESTE FISCHSKELETT DER 90ER!

Foto: New Yorker

Erinnerst du dich auch noch an **Fishbone**, geschrieben „fishBoNe"? Es ist die 90er-Eigenmarke des Mode-Konzerns New Yorker. Gemeinsam mit dem Fischskelett als Logo entstand sie im Jahr 1992, also schon recht früh in unserem Lieblingsjahrzehnt. Dieses Fishbone-Logo wurde später modernisiert und ab 2013 wurden dann die Wortmarken FSBN und – für die Frauen – FB SISTER eingeführt. Das 90er Fishbone-Logo wurde aber nie aufgegeben und so gab es z. B. 2018 dessen Neuauflage in den Modehäusern von New Yorker.

KAPPA

DIE BELIEBTE 90ER-MARKE AUS ITALIEN!

Foto: Christian Nova

Auch **Kappa** war damals eine Marke, mit der man einfach nur hip war! Und zwar eine italienische. Das Logo entstand rein zufällig, als zwei Models Rücken an Rücken gelehnt bei einem Fotoshooting Pause machten. Fairness und Anerkennung der beiden Geschlechter sollten mit dem Logo demonstriert werden. Viele Jungs gönnten sich damals ein Späßchen, indem sie einfach die Oberkörper der beiden Personen mit dem Daumen abdeckten. Der Grund? Na ja – du weißt schon! In Deutschland findet man Kappa-Produkte heutzutage online oder im stationären Streetwear-, Schuh- und Sportfachhandel. Außerdem werden sie von vielen Sportlern getragen (z. B. von den Fußballern von Mainz 05). Und Borussia Dortmund gewann 2012 in Kappa-Trikots das erste Double der Vereinsgeschichte.

CHIEMSEE

DIE NOBEL-MARKE DER 90ER!

Fotos: CHIEMSEE

Chiemsee war ursprünglich eine Modemarke, die sich auf Surfer konzentrierte. Im Jahr 1982 ging alles los – und zwar am Chiemsee in Bayern. Schon bald fokussierte sich die Produktion neben der Sportlerkleidung auch auf Freizeitkleidung, die in den 90ern (vor allem bei jungen Leuten) ein ziemlich großes Statussymbol darstellte. Ein Wasserspringer oder gepunktete Kängurus waren auf den Produkten von **Chiemsee** abgebildet. Ganz besonders beliebt waren die Shirts und Pullover, wobei die Pullis mit 150 DM aufwärts auch ganz schön teuer waren.

Schulranzen & Rucksäcke

Sie begleiteten uns durch unsere Schulzeit!

Foto: ullstein bild - Fotoagentur imo

Der beliebteste Grundschul-Ranzen war in den 90ern der **Scout** (englisch für „Pfadfinder"), den es bereits seit 1975 gibt. Das damals neue Textilgewebe revolutionierte den Lederschulranzen-Markt auf Anhieb, denn die Scout-Schulranzen waren einfach viel leichter als bisherige Ranzen und nicht so sperrig, aber vor allem waren sie auch sicherer im Straßenverkehr. Der Grund: Warnflächen, also reflektierende Katzenaugen, die in den frühen, dunklen Morgenstunden sehr wichtig für alle Schulkinder sind. Zudem waren die Scout-Ranzen leicht und stets bunt, was natürlich dafür sorgte, dass jedes Kind einen haben wollte!

Die Schulranzen boten also das perfekte Gesamtpaket für Kinder und Eltern gleichermaßen. Viele der damaligen Schulkinder sind heute selbst Eltern und wollen natürlich nur das Beste für die eigenen Kids, also setzt man auf Altbewährtes, nämlich auf einen Schulranzen, der sicher ist, Spaß macht, in den alles geordnet reinpasst und der einen schon selbst durch die Kindheit brachte. Der ehemalige Marken-Slogan *„Macht Kinder glücklich"* trifft auf jeden Fall zu!

1997

Foto: Steinmann Gruppe

SCOUT MAXI

Bis heute wurden über zehn Millionen Scout-Ranzen verkauft und ein Ende ist nicht in Sicht, denn noch immer sorgt das Unternehmen für Nachschub mit stetig neuen Kollektionen für Jungs und Mädchen. Hattest du auch einen **Scout** oder war dein bester Freund in der Grundschule vielleicht doch eher ein Schulranzen von **McNeill**? Du weißt schon – der mit dem Yorkshire Terrier? Die deutsche Marke, die ebenfalls seit 1975 besteht und deren Logo und Name durch den Hund des Unternehmensgründers inspiriert wurden, lieferte in den 90ern nämlich das Gegenstück zu **Scout** und erfreute ebenfalls eine Menge Schulkinder!

Ab Klasse 5 sattelten wir in den 90ern um, und zwar auf **4YOU**. Dabei ist **4YOU** ein waschechtes 90er-Produkt. Die Marke wurde damals nämlich pünktlich 1990 von einem ehemaligen Frankenthaler Familienunternehmen ins Leben gerufen, genau wie Scout. Heute gehören beide Marken zur Steinmann-Gruppe. Spezialisiert hatte man sich damals auf Reisegepäck und Taschen für ein hauptsächlich junges Publikum. Dabei stellte man fest, dass besonders die ersten Rucksäcke gut ankamen. Die Jugendlichen nutzten sie nämlich nicht nur für Reisen, sondern auch für die Schule. Man beschloss also, sich mit der Produktion ganz auf sie zu konzentrieren. Das Modell 1112 wurde zum allseits beliebten Vorreiter der neuen Rucksack-Generation und das merkte man auch in den Geschäften. Waren Rucksäcke nämlich bisher immer nur in Sportgeschäften erhältlich, sah man sie nun auch in Lederwaren- und Taschengeschäften.

4YOU The Original

ALL YOU NEED

Sobald der erste Hype mit den Standardfarben vorüberging, stellte man fest, dass die jungen Menschen etwas Individuelles in die Schule tragen wollen. So entstand 1993 die erste limitierte Edition mit bunten Motiven. Danach erschienen jährlich gleich mehrere Kollektionen, sodass bald nicht mehr jeder Schüler mit dem gleichen Rucksack in die Schule kam. Ein weiterer Meilenstein gelang **4YOU** mit dem Schulrucksack CHICAGO, der die Nummer 1141 trug. An ihm orientierten sich viele spätere Rucksäcke.

1991

1112

1993

1994

APACHE FLOWER CHICAGO

Fotos: Steinmann Gruppe

Für alle Größeren gab es in den 90ern den **Eastpak**. 1986 trat das amerikanische Unternehmen Eastpak (bereits '56 gegründet) über Frankreich in den europäischen Markt ein. Es war nämlich ein Franzose, der sich mit dem Sohn des Gründers und dessen Partner in Boston traf. Schnell wurde ihm klar, dass die qualitativ hochwertigen Eastpak-Produkte auch in seiner Heimat eine Chance hätten. Und genau das nahm er dann in Angriff. Die ersten Eastpak-Rucksäcke wurden in Paris zum Verkauf angeboten. Nach bereits wenigen Tagen hieß es „Ausverkauft!". Dieser Erfolg sorgte natürlich dafür, dass das Geschäft sich vergrößerte. Bald folgten sogar weitere Länder und auch Kooperationen liefen an. Schritt für Schritt wurde die Marke in den 90ern zum großen Hype. **Eastpak** avancierte zum ständigen Begleiter einer ganzen Generation.

Fast jeder besaß irgendwann einen Rucksack mit dem aufgenähten Eastpak-Logo. Der schwarze Hintergrund, die fetten weißen Buchstaben und die rote Weltkugel. Erinnerst du dich? Richtig cool war man natürlich nur, wenn eine Regel befolgt wurde: den Rucksack nur über eine Schulter hängen! Nach den überwältigenden Verkaufszahlen in den 90ern (sie machten damals 90 Millionen Dollar Umsatz) wurde die Marke im Jahr 2000 an die amerikanische Bekleidungsfirma VF Corporation verkauft. Heute ist **Eastpak** tatsächlich immer noch europäischer Marktführer im Bereich Rucksäcke. Das Sortiment umfasst aber mittlerweile noch viel mehr und man arbeitet zudem auch hin und wieder mit Designern für exklusive Kollektionen zusammen. Übrigens: **Eastpak** gewährt 30 Jahre Garantie auf viele seiner Produkte. Du könntest deinen Rucksack also vielleicht noch ... zugegeben, das mit dem Kaufbeleg wird wahrscheinlich schwierig, aber es soll ja Leute geben, die alle Quittungen ihr ganzes Leben lang aufbewahren!

Foto: ullstein bild - Mineham

BUFFALOS

DIE GEHYPTESTEN PLATEAU-SCHUHE ALLER ZEITEN!

Foto: Buffalo

DER Schuh der 90er-Jahre! Alle Mädchen trugen ihn. Und nicht nur die. 1979 startete Buffalo Boots mit Cowboyboots. Dann tourte die Marke in unserem liebsten Jahrzehnt mit großen Künstlern um die Welt und heute ist sie international etabliert. Die **Buffalos** mit den gigantischen Sohlen wurden in den 90ern vor allem dank der Techno-Szene groß.

Foto: Buffalo

Obwohl der Hersteller Buffalo Boots damals eine Vielzahl der verschiedensten Schuhe produzierte und diese unter dem Markennamen Buffalo verkaufte, bekamen ausgerechnet die berühmten Plateau-Schuhe von allen 90er-Kids der Einfachheit halber den Kult-Namen **Buffalos** verpasst. Als sie damals im Jahr 1995 als Teil einer Sportschuhlinie mit breiten Zwischensohlen entwickelt wurden, konnte natürlich noch niemand ahnen, dass sie zum Hype werden würden, schließlich erschuf der Schuhhersteller ein Produkt, das völlig neu war. Doch sie trafen den Zeitgeist und lösten einen Trend aus!

Wurden sie zunächst vorrangig in der Techno-Szene getragen, waren sie schon bald rund um die Welt in aller Munde. Oder besser gesagt: an aller Füße. Es gab ja schließlich auch eine große Riege von Stars, die den aufkommenden Trend schnell wahrnahmen. Unter anderem waren da die Mädels einer Girlgroup namens Spice Girls, die sie immer wieder trugen. Aber auch Madonna und Cher liebten ihre **Buffalos**, ob in Schwarz, Weiß, Lila, Rosa oder Rot. Selbst die Jungs von *NSYNC waren Fans, denn wie wir wissen, gab es die **Buffalos** eben auch für das männliche Geschlecht – beliebte Farben waren hier Blau, Grau oder Beige. Viele verschiedene Ausführungen und Größen sorgten für Abwechslung. Sehr beliebt waren z. B. die „Tower"-Modelle mit den glatten Sohlen (5 bis waghalsige 50 Zentimeter hoch) oder die Wolkensohlen-Buffalos mit den vielen seitlichen Einschnitten an der Sohle.

Als die prominenten Künstler sie trugen, mussten wir 90er-Kids natürlich nachziehen. Aufgrund ihrer Präsenz in sämtlichen Medien wusste bald jeder von dem Hype – die Schuhläden wurden gestürmt! Bis in die Anfangsjahre der 2000er verkauften diese die Plateau-Schuhe in enormen Stückzahlen. Dann

Foto: Buffalo

jedoch verschwanden sie still und heimlich aus den Regalen, ihre glorreiche Zeit war vorüber. Doch heute kann man die **Buffalos** mit den dicken Sohlen wieder erwerben. Wer mit dem Gedanken spielt, sich die hochwertigen Treter (z. B. für eine 90er-Party) zuzulegen – die Variante mit der Spice-Girls-Wolkensohle kostet je nach Modell 169 oder 189 Euro und die Sneaker-Buffalos inklusive glatter sowie unten geriffelter Sohle schlagen mit über 200 Euro zu Buche. Zum Vergleich: Damals musste man ca. 220 bis 250 DM auf den Tisch legen. Obwohl es sicher sehr viele Menschen gibt, die um keinen Preis zugeben würden, jemals **Buffalos** getragen zu haben – die Schuhe gehörten einfach zu den 90ern und sind Teil unserer verrückten Mode-Geschichte! Und wer weiß, vielleicht sind sie ja schon sehr bald wieder an allen Füßen zu sehen.

VANS & CHUCKS

Diese zwei Marken beherrschten den Sneaker-Markt der 90er!

Foto: Vans

Die etwas leichteren Schuhe, die in den 90er-Jahren besonders kultig wurden, kamen von Vans und Converse. Der Ansturm auf diese Treter wurde durch den Sporttrend der 80er befeuert, der sich, wie wir ja alle wissen, in den 90ern nochmals steigerte. Fast alle jungen Leute wollten sportliche Schuhe tragen, die gleichzeitig auch hip waren. Das amerikanische Unternehmen Vans (heute eine Marke der VF Corporation) profitierte von genau diesem Trend und lieferte mit seinen **Vans** das Gegenstück zu den Buffalos. Es produzierte in den 60ern und 70ern zunächst erfolgreich Surfschuhe und nutzte dann die enorme Skateboard-Welle der 80er-Jahre. Schnell fokussierte es sich auf die sogenannten Skaterschuhe.

Zunächst waren diese knöchelhoch, was sich erst mit unserem Lieblingsjahrzehnt änderte. Die Low-Cut-Variante wurde immer beliebter. Neue Schuh-Unternehmen entstanden und kopierten die Schuhe. Auch die Bigplayer FILA, Nike, Reebok, Puma und adidas reagierten auf den Hype, obwohl sie vorher nichts mit Skaterschuhen am Hut hatten. Gab es in der deutschen Sprache nur die Begriffe „Turnschuh" oder „Sportschuh", wurde schließlich gegen Ende der 90er der einheitliche Begriff „Sneaker" (übersetzt: „Schleicher") von den großen Konzernen etabliert. Im Englischen ist der Sneaker eine übergeordnete Bezeichnung für Schuhe, die man zum Sport trägt, in der Schule, der Freizeit, sogar bei der Arbeit – ein Alltagsschuh eben. Im deutschen Sprachgebrauch bezeichnet „Sneaker" lediglich moderne und sportlich designte Freizeitschuhe. Genau das sind die **Vans**, die es heute noch überall zu kaufen gibt.

Der absolut größte Konkurrent der **Vans** war in den 90ern wohl aber ohne Frage der amerikanische Schuhproduzent Converse mit den Chuck Taylor All Stars – kurz: **Chucks**. Diese wurden ursprünglich 1917 als Schuhe für Basketballer konzipiert. Ihren bekannten Namen haben die Schuhe dem Basketballer Chuck Taylor zu verdanken, der 1919 Profispieler wurde (übrigens nur 28 Jahre, nachdem man die Sportart laut Legende erfand). Während der Matches nutzte er angeblich immer die Schuhe von Converse. Da diese in seinen Augen allerdings verbesserungswürdig waren, kontaktierte er das Unternehmen. Die Folge: eine langjährige Zusammenarbeit entstand.

Doch auch der Marke Converse machte der Sneaker-Konkurrenzdruck zu schaffen. 2001 (ganze 93 Jahre nach Gründung) stand das Unternehmen einmal kurz vor dem Aus. Wenig später vermeldete Schuhhersteller Nike Interesse und kaufte die Marke auf. Bis heute können sich die Converse-Schuhe dank der Übernahme sehr gut behaupten. Besonders die beliebten **Chucks** werden weiterhin in großer Stückzahl an den Mann und die Frau gebracht. 2014 gab Converse (dessen berühmtester 90er-Kunde wohl Curt Cobain war) bekannt, dass alle 43 Sekunden irgendwo auf der Welt ein Paar **Chucks** verkauft wird. Insgesamt sind es seit 1917 angeblich eine Milliarde! Viele neue Designs und Markenkooperationen kamen im Laufe der Jahrzehnte zum Converse-Sortiment hinzu und bereichern die Marke weiterhin. Immer mehr Menschen wünschen heutzutage sogar wieder die Varianten, die über den Knöcheln enden. 90er-Fans kommen auf jeden Fall nicht zu kurz, denn Vans und Converse haben über die Jahre hinweg auch eine Vielzahl von Retro-Modellen eingeführt.

Foto: picture alliance / imageBROKER / Felix Vogel

G-SHOCK

DIE UHR DER 90ER! EINE OHNE KAUGUMMI IM INNENLEBEN!

Foto: G–SHOCK

Was die Ice Watch für die 2010er-Jahre ist, war für uns in den 90ern die stilechte **G-Shock**. Die **G-Shock** ist die wohl trendigste Uhr der 90er – wirklich jeder Jugendliche wollte eine tragen, nachdem man für die Gum Watch zu alt wurde. Das 1957 gegründete Uhrenunternehmen Casio brachte die allererste **G-Shock** 1983 (nach zweijähriger Entwicklungszeit und über 200 Prototypen) auf den Markt. Ursprünglich entwickelte man sie für Sportler, das Militär und Outdoor-Aktivitäten, doch dann wurde die **G-Shock** in den 90ern zur Trend-Uhr für jedermann! Und das kam nicht von ungefähr. Die Uhren waren schließlich bunt, hatten eine digitale Anzeige, Hintergrundlicht, eine Stoppuhr, einen Countdown-Zähler, eine Timer-Funktion, die ultimative Batterie mit einer Lebensdauer von zehn Jahren, sie überstanden problemlos alle Stürze und waren sogar noch wasserdicht, sodass wir auch ohne Probleme mit ihnen schwimmen gehen konnten. Eben wegen dieser robusten Eigenschaften war die **G-Shock** damals revolutionär! Solarbetrieb, ein Drucksensor für die Erkennung von Wetterveränderungen, die Erweiterung der Tauchmöglichkeit auf bis zu 200 Meter sowie ein Thermometer zählen zu den grandiosen Neuerungen, die nach und nach hinzukamen.

Ab 1991 gab es sogar eine kleinere Variante (hauptsächlich für die weibliche Zielgruppe) – die **Baby-G**! Sie verkaufte sich genauso prächtig wie die großen Brüder. Ihr Preis betrug damals übrigens ca. 149 DM. Auch sie trug dazu bei, dass Casio bis 1998 die unglaubliche Verkaufszahl von insgesamt 19 Millionen G-Shock-Uhren erreichte. Alleine 1998 bereicherten 200 neue Modelle das Sortiment, mittlerweile sind es tatsächlich schon mehr als 3.200! Das erfolgreichste Modell der G-Shock-Serie ist dabei unangefochten die DW-5600 (siehe Abbildung). Sie ist bis heute unverändert für eine unverbindliche Preisempfehlung von etwa 100 Euro im Programm des Uhrenherstellers Casio. Viele der anderen aktuell hergestellten G-Shock-Uhren liegen jedoch eher im höheren Preissegment. Das Unternehmen sagt: „Die 90er-Jahre sind vorbei, die Kids der Goldenen Ära des Hip-Hops sind erwachsen geworden. Der persönliche Stil und bevorzugte Look sind mitgewachsen und nun mag die klassische **G-Shock** nicht mehr so recht zum Businessoutfit und Button-Up-Shirt passen."

Eine erneute große Aufmerksamkeit erhielt die **G-Shock** jedoch im Jahr 2016, als die **Baby-G** (Modell BG-169R) im Kinofilm „The Shallows" Verwendung fand. Die Produktplatzierung war ein cleverer Schachzug. Und die Rechnung ging auf. Besonders die Teenager wollten nun unbedingt eine **Baby-G** tragen. Ein Jahr später gab Casio dann bekannt, die hundertmillionste **G-Shock** verkauft zu haben. Halleluja, du „zeitlose" Uhr!

SOMMER HITS

Das sind die Hits, die uns unsere Sommer der 90er versüßten. Aus jedem Jahr ein Über-Song, der die Hitze in den Sommermonaten irgendwie erträglicher machte, uns durch die Urlaubsreisen begleitete und anschließend auch in den einheimischen Diskotheken rauf und runter lief. Wir erinnern uns doch gerne zurück an Bretter wie „Mambo No. 5" oder „Macarena".

Meistens begann die Hit-Geschichte erst, wenn auch die Fernsehsender ihre Musikvideos spielten, doch viele hatten schon in den Urlaubsregionen große Erfolge. Dort tanzten die Menschen in den verschiedenen Clubs zu den noch unbekannten Liedern. Die Geheimtipps brauchten etwas Zeit, um sich durchzusetzen, doch am Ende schwang jeder die Beine, hörte die Songs beim Volleyballspielen am Strand, genoss dabei kühle Getränke oder fuhr im Cabrio mit geöffnetem Verdeck im Sonnenschein, das Radio dabei natürlich laut aufgedreht! Während uns Britney, die Spice Girls und die Backstreet Boys damals das ganze Jahr über mit Hits versorgten, gab es einige Künstler, deren Songs ihre Wirkung in einem einzigen Sommer entfalteten.

UND HIER KOMMEN SIE – UNSERE 90ER-SOMMERHITS!

VERDAMMT ICH LIEB' DICH (1990)

Foto: ullstein bild - Jazz Archiv Hamburg

1990 gab es einen riesigen Sommer-Knüller – und zwar einen deutschen! **„Verdammt ich lieb' Dich"** heißt das Lied, das bis heute eine der erfolgreichsten deutschsprachigen Singles ist. Zum Song kam es, weil Matthias Reim, der damals schon Songwriter und Produzent war, einst von einem Mitarbeiter einer Plattenfirma eine Absage für seine Songs erhielt, die er im Auftrag für Bernhard Brink schrieb und produzierte. Eigentlich war jener Auftrag wasserdicht, doch dann wechselte Herr Brink mitten in der Produktion die Plattenfirma. Der Mitarbeiter des neuen Labels erklärte Matthias am Telefon:

„Dieses Ich-lieb-dich- und Ich-lieb-dich-nicht-Zeug ist einfach Scheiße!". Und schon waren die abgemachten 20.000 DM, die Matthias für seine Arbeit hätte erhalten sollen, Geschichte. Er schrieb jedoch die Worte des Mitarbeiters der Plattenfirma geistesabwesend mit. Eine reine Panik-Reaktion, denn Matthias war zu diesem Zeitpunkt mehr als blank und wusste nicht, wie er seine Miete nun zahlen sollte. Bis dieser eine magische Moment kam.

Nach zwei Stunden war der Refrain fertig geschrieben und mit dem Keyboard komponiert. In derselben Nacht wurde er übrigens 32 Jahre alt. Er ging anschließend zur Plattenfirma Electrola (heute Universal Music) und die schlugen ihm einen Deal vor.

Jürgen Drews würde den Song bekommen und er selbst erhielte 10.000 DM für seine Dienste. Matthias wollte das genau so machen, denn, wie gesagt, er war pleite. Doch sein damaliger Mitarbeiter sagte ihm, dass er den Song einfach selbst singen sollte. Wir wissen ja, auf wen Matthias letztendlich hörte. Veröffentlicht wurde **„Verdammt ich lieb' Dich"** im April 1990. Bis zur WM im Juni entwickelte er sich zum Mega-Hit. Und der Fußball tat sein Übriges. Täglich gingen etwa 60.000 Einheiten über die Ladentheken. Der Song verkaufte sich insgesamt mehr als 2,5 Millionen Mal. Er ist und bleibt ein Klassiker unserer deutschen Musikgeschichte!

Foto: Sven Sindt

SUMMER DREAMING (1991)

Foto: Stephan Harvey

„Summer Dreaming" war 1991 allgegenwärtig. Der Song belegte in Deutschland den elften Platz der erfolgreichsten Sommerhits aller Zeiten! Ein einziger Werbespot einer bekannten Rum-Marke war der Auslöser. Was viele nicht wissen: Ursprünglich war es überhaupt kein kompletter Song, es gab nur den Refrain mit der eingängigen Melodie. Kate Markowitz (eigentlich eine Backgroundsängerin für viele verschiedene Künstler) ging Ende der 80er mit der französischen Sängerin France Gall auf Tour und traf dabei auf den Produzenten Oliver Bloch-Laine, der gerade gemeinsam mit Joe Hammer als Auftragsproduktion ein einminütiges Musikstück aufnahm. Genau dieses durfte Kate einsingen. Der Werbespot der berühmten Rum-Marke mit ebenjener Begleitmusik lief dann ein Jahr lang im Fernsehen rauf und runter und wurde Kult. So sehr, dass DJs die Musik einfach mitschnitten und live spielten. Das merkten auch Bacardi und die Bosse von WEA Records (damalige Tochter von Warner Music). Sie beauftragten den Produzenten, ein richtiges Lied aus dem Jingle zu machen. Somit stand Kate bald wieder im Studio (diesmal in Los Angeles) und durfte mit Unterstützung von drei Backgroundsängerinnen den kompletten Song einsingen. Übrigens schrieb sie den Text der Strophen zusammen mit ihrer Freundin, der Singer-Songwriterin Christina Trulio.

In Jamaica durfte Kate anschließend ein Video drehen, wodurch sie den Menschen überhaupt erst einmal auffiel. Vorher waren auf dem Cover ja nur Cocktail-Gläser und ein bisschen sommerlicher Schnickschnack zu sehen. Erst mit der Namensänderung zu **„Summer Dreaming"** und ohne jegliche Erwähnung von Bacardi rückte sie selbst in den Vordergrund. Unter dem Künstlernamen Kate Yanai (ihr Familienname) gelang ihr in Deutschland innerhalb von nur zwei Wochen der Sprung an die Chartspitze, wo sich der Song dank einer halben Million verkaufter Tonträger dann auch noch weitere sieben Wochen am Stück hielt. Die Österreicher belohnten den Song ebenfalls mit Platz 1 der Charts. Einen anschließenden Plattenvertrag lehnte Kate jedoch dankend ab. Darüber ist sie heute noch froh, denn die Plattenfirma hatte eine genaue Vorstellung für das Solo-Album und ihre eigenen Lieder sollten keine Rolle spielen. „Es waren furchtbare Songs!", erinnert sich Kate.

Schwer fiel ihr die Absage damals aber nicht, denn sie verdiente sehr gut als Backgroundsängerin, wurde gerade erst von James Taylor angeheuert. Ihr Solo-Album erhielt sie mit „Map Of The World" im Jahr 2003 schließlich doch noch – und zwar mit eigenen Stücken. Heute lebt sie in Los Angeles und singt weiterhin für James Taylor und viele andere Sänger. Leider spricht sie immer noch kein Wort Deutsch, was sie sehr bedauert. Ganz besonders, weil sie über die Jahre immer mal wieder für Auftritte und Interviews nach Deutschland zurückkehrte. Die im Sommer 2012 erschienene Kelly-Rowland-Version von **„Summer Dreaming"** mochte sie übrigens sehr! Und die Menschen rund um den Globus sahen das genauso. Die Coverversion landete nämlich in einer Vielzahl von Ländern in den Charts. Es ist und bleibt eben ein Song, den man sofort mit guter Laune, Strand, Sonne und gekühlten Getränken verbindet. Die damalige Marketing-Abteilung des Rum-Herstellers hat auf jeden Fall ganze Arbeit geleistet!

IT'S MY LIFE (1992)

Foto: Dr. Alban

Mit dem Hit „Hello Africa" schoss der nigerianische Zahnarzt Dr. Alban 1990 in die erste Liga der Eurodance-Szene. Im Sommer 1992 konnte er dann sogar noch einen draufsetzen. Da erschien nämlich sein zweites Album samt der Single **„It's My Life"**. Ein Song, den er mit seinem Produzenten Denniz PoP schrieb, um damalige Gefühle auszudrücken. Denn eigentlich fanden seine Eltern es gar nicht gut, dass er sich der Musik widmete, anstatt dem sicheren Beruf des Zahnarztes nachzugehen. Doch Alban dachte sich: *„Es ist MEIN Leben!"* Wir können wohl davon ausgehen, dass sie anschließend nicht mehr allzu besorgt um ihren Sohn waren. Der Song erreichte im August die Eins in Deutschland und blieb dort für insgesamt acht Wochen! Auch in Österreich und seiner neuen Heimat Schweden konnte sich der singende Doktor die Chartspitze des Sommers sichern. Weltweit wurden gigantische 1,6 Millionen Einheiten des Songs umgesetzt. Da ist es natürlich kein Wunder, dass er bei uns als DER erfolgreichste Eurodance-Titel gilt.

Dr. Alban, der mit richtigem Namen Alban Uzoma Nwapa heißt, lebt heute übrigens mit seiner Frau und den zwei Kindern in Stockholm, wo er vor seiner Karriere ursprünglich nur den Onkel besuchen wollte und blieb. Doch noch immer ist er in der ganzen Welt unterwegs und klappert sämtliche Privatpartys und 90er-Konzerte ab.

TWO PRINCES (1993)

Foto: Lucy Onion

„Two Princes" wird einem jetzt vielleicht nicht sofort aus dem Stegreif etwas sagen, aber wenn man den Song hört, fühlt man sich direkt zurückversetzt an den Anfang der 90er-Jahre. Um genau zu sein: ins Jahr 1993. Da durchlief **„Two Princes"** nämlich alle erdenklichen Radiostationen. Dabei wurde er eigentlich schon einige Jahre zuvor von den Spin Doctors aufgenommen und auf ihrem Album im Jahr 1991 veröffentlicht. Der Song brauchte dann einige Zeit, um als Single zu erscheinen. Im Vergleich zur Album-Version mussten nämlich erst einmal 50 Sekunden herausgeschnitten werden, damit die Radiosender überhaupt bereit waren, den dreieinhalbminütigen Song zu spielen. Ende Juni 1993 fiel der Startschuss und die Nummer eroberte die weltweiten Charts im Sturm. Dort blieb sie dann auch den ganzen Sommer über. Und uns in den Ohren. *„Just go ahead now!"*

I SWEAR (1994)

Der Sommerhit 1994 war ein recht ungewöhnlicher, denn **„I Swear“** ist das komplette Gegenteil vom Party-Song „Sweat“ und dem rockigen „Two Princes“. Anstatt auf viel Bass setzte die R&B-Gruppe All-4-One auf ruhige Töne, die uns durch den Sommer streichelten und so ziemlich jede Frau der Welt begeisterten. Im Juni des Jahres trat die Single ihren Siegeszug an und eroberte auf Anhieb die Chartspitzen in allen deutschsprachigen Ländern und auch in den USA, dort sogar für ganze elf Wochen! **„I Swear“** wurde von jedem einzelnen Radiosender gespielt. Die vier Jungs trafen einfach den Zeitgeist und jeder Mann dieser Erde schwor der eigenen Frau oder Freundin (oder beiden) ewige Treue. Besonders das Musikvideo, in dem die vier Jungs von den Dächern einer amerikanischen Großstadt singen und anschließend ein hübsches Mädchen verabschieden, packte die Herzen aller MTV- und VIVA-Zuschauer. Und für All-4-One war es der Start einer großen Karriere, die bis heute andauert.

Foto: Discretion Entertainment

ALICE, WHO THE X IS ALICE? (1995)

Foto: Peterkoelewijn.nl

Während Coolio den Song „Gangsta's Paradise" veröffentlichte und ihm damit in Amerika der Hit des Jahres gelang, wurde es 1995 in ganz Europa wieder Zeit, einen bekannten Song laut mitzugrölen. Einen Song, der eigentlich „Living Next Door To Alice" hieß und dank Smokie bereits 1976 international durch die Decke ging. Ein niederländischer Label-Boss bekam eines Tages in einem Café namens Gompie mit, dass der DJ nach dem eigentlichen Refrain stets herunterregelte, sodass alle Gäste den Refrain mit *„Alice, who the fuck is Alice?"* ergänzen konnten. Beeindruckt rief er sofort seinen Freund (einen Musikproduzenten) an, der die Single schließlich unter dem Namen **„Alice, Who The Fuck Is Alice"** neu aufnahm. Das Projekt benannten sie nach dem besagten Café und schon ging's los.

Anfang 1995 war der Song fünf Wochen Nummer 1 in Holland und danach zog er wie ein Wirbelsturm über ganz Europa hinweg. Die deutschsprachigen Länder belohnten die Nummer mit Platz 2. Grund genug für den englischen Komiker Roy Chubby Brown, die Coverversion noch einmal zu verwerten und ein weiteres Mal flotter zu machen. Die Parodie mit Sprechgesang schoss im Sommer 1995 ebenfalls in die Charts (in Großbritannien war sie sogar noch erfolgreicher als das Original und die Version von Gompie). Eine halbe Million Einheiten verkaufte das Spaß-Projekt weltweit! Der Band Smokie schmeckt dieser ganze dieser ganze Spaß übrigens gar nicht – bei ihren Konzerten herrscht strenges Refrain-Erweiterungsverbot.

MACARENA (1996)

Foto: Raúl Diaz

1996 kam Los Del Rio mit dem Sommerhit schlechthin um die Ecke! Zu **„Macarena“** tanzten im Sommer 1996 alle (oder versuchten es zumindest). Doch am Anfang sah nichts nach einem internationalen Hit aus. Der Song war nämlich bereits 1993 in Spanien veröffentlicht worden, kam jedoch nicht über die Landesgrenzen hinaus. In den darauffolgenden Jahren spielten die spanischen Radiosender in den USA den Song immer öfter. So gelangte er 1995 schließlich in die Ohren eines Producer- und Remix-Duos. Sie sahen enormes Potenzial und produzierten ihn neu, diesmal mit englischem Text in den Strophen, zusätzlichen Sängerinnen sowie einem Chor im Hintergrund. Und dann folgte im September 1995 die Veröffentlichung in Amerika, wo **„Macarena“** 14 Wochen lang Platz 1 der Charts blockierte.

Es führte sogar so weit, dass die US-Botschafterin Madeleine Albright in einer Sitzung des UN-Sicherheitsrates dem Botschafter von Botswana den Macarena-Tanz beibrachte (dieser wurde angeblich von einem spanischen Flamenco-Duo entwickelt). Ihr hat es allerdings nicht geschadet, denn später wurde sie sogar amerikanische Außenministerin. Der Plattenfirma war die Macarena-Euphorie sehr recht. Obwohl der Song schon im Februar/März bei uns erschien, zog sich das Macarena-Fieber dank der beliebten Tanzmoves bis in den Sommer hinein und wirkte darüber hinaus noch weiter. Natürlich erlangte er überall die Spitze der Charts. Und dann folgte „Macarena Christmas“. Aber hast du gewusst, dass es in **„Macarena“** eigentlich um ein echtes Luder geht? Fräulein Macarena betrügt ihren Freund Vitorino mit zwei seiner Kumpels – und zwar während er seinen Militärdienst leistet. Schäm dich, Macarena! Ay!

MMMBOP (1997)

Foto: www.hanson.net

„Mmmbop" von den drei Hanson-Brüdern ist ein klasse Sommerhit des Jahres 1997. Wir können zwar den Text nicht mitsingen, aber das ist bei einem solchen Refrain auch wirklich nebensächlich. Das Lied vermittelt uns immer noch gute Laune und man fliegt direkt zurück in den Sommer 1997, als die Debüt-Single im Juni erschien und prompt die Chartspitze in 27 Ländern erklomm! Die Jungs, die damals erst 11, 14 und 16 Jahre alt waren, wurden damit über Nacht auf der ganzen Welt bekannt. Jeder von ihnen galt plötzlich als Teenie-Schwarm und hing in Tausenden Mädchenzimmern an der Wand. Heute hängen sie zwar nicht mehr an Wänden, aber sie stehen weiterhin zusammen auf der Bühne und verbreiten nebenbei ihr eigenes Bier namens „Mmmhops". Ihr Ohrwurm **„Mmmbop"** bleibt derweil ein Garant für Sommerfeeling und gute Laune pur. Cheers!

BAILANDO (1998)

Foto: Loona

Der Sommer 1998 stand eindeutig im Zeichen von Loona (abgeleitet vom spanischen Wort „Luna" = „Mond") und ihrem Hit **„Bailando"**, der ursprünglich vom belgisch-spanischen Duo Paradisio stammte. Kein anderer Song klang im besagten Jahr mehr nach Sommer und das war auch der Grund dafür, dass die Nummer nach Veröffentlichung im Juni in den Charts ganz langsam immer höher kletterte und schließlich im August Platz 1 in Deutschland erlangte (Platin!). Außerdem wurde auch in der Schweiz Platz 1 sowie Gold erreicht.

Und in Österreich winkten Platz 3 sowie ebenfalls eine Gold-Auszeichnung. Wir schließen die Augen und träumen uns an einen Strand, wo wir gemeinsam mit braungebrannten Menschen tanzen und Cocktails schlürfen – toller Sommerhit!

Der Song wurde von Grönemeyers „Mambo" inspiriert!

2 TIMES (1999)

Foto: Energy Production

Ein Monster-Hit im Jahr 1999 war **„2 Times“** von Ann Lee. Ohne ihn zu hören, können die meisten 90er-Kids die Melodie pfeifen. Kein Wunder, schließlich drang sie im damaligen Sommer so tief in unsere Gehörgänge ein, dass sie für immer dort bleiben wird. Auch die Kleineren hatten es damals nicht schwer, den Refrain mitzusingen.

Und bei den Strophen half ja immer das berühmt-berüchtigte Fantasie-Englisch, nicht wahr? Der Song mit der eingängigen Melodie trat bei uns im Juni in die Charts ein und verließ diese für die nächsten 20 Wochen nicht mehr. In ganz Europa war er ein Top-10-Erfolg für die Sängerin, die anschließend leider nicht mehr daran anknüpfen konnte. **„2 Times“** wird uns aber trotzdem als einer der allerletzten Sommersongs des Jahrzehnts für alle Zeiten im Gedächtnis bleiben!

Ach so: „Summer Sun“ von Texas, der im August 1999 erschien und weltweit alle Charts eroberte, ist auf jeden Fall auch ein Song, der auf die Liste der größten Sommerhits der 90er-Jahre gehört. Und noch ein weiterer toller Sommersong, so kurz vor der Jahrtausendwende, sollte nicht vergessen werden: „The Rigga-Ding-Dong-Song“ vom Musikprojekt Passion Fruit! Gesungen wurde dieser von der Studiosängerin Liticia Spormann. Nach dem Mega-Hit wurden aufgrund eines Zwists hinter den Kulissen alle Gesichter der Formation ausgetauscht. Zwei der drei neuen Mädels starben traurigerweise beim selben Flugzeugunglück wie Melanie Thornton.

EURO DANCE

In den 90ern war es DER Musikstil schlechthin. Plötzlich regierten die Europäer die weltweiten Chartlisten. Ein Phänomen, das es erst 20 Jahre später wieder mit der elektronischen Tanzmusik geben sollte. Und wer hat's erfunden? Nein, nicht die Schweizer. Die Briten! Jedenfalls den Begriff „Eurodance“. Die Briten etablierten ihn nämlich ursprünglich, um Dance-Musik zu betiteln, die nicht von der Insel, sondern aus allen anderen europäischen Ländern kommt. Nun, einige Acts, die heute zum Eurodance zählen, waren trotzdem Briten. Wir alle haben zu den Songs jener Ära getanzt und man konnte zudem auch noch ganz offen dazu stehen!

Als die Dance-Musik Ende der 80er mit SNAP! und anderen Gruppen begann und immer mehr an Popularität gewann, wollte nahezu jeder Musikproduzent oder DJ in Europa etwas vom Kuchen abhaben. Das Grundrezept war schließlich auch nicht sonderlich kompliziert. Man brauchte einen eingängigen Refrain mit einer Ohrwurm-Melodie, treibende Beats, kräftige Bässe, einen simplen Text, der noch nicht einmal Sinn ergeben musste, aber vor allem war eine Standard-Formation vonnöten. Mindestens eine Sängerin, die den Refrain trällert, und ein zumeist schwarzer Rapper, der die Strophen füllt. Schon war man ein Eurodance-Act und konnte sich außerdem noch auf den Bühnen beweisen. Viele DJs probierten sich plötzlich im Studio aus und produzierten selbst. Es war eine Art Gruppenzwang. Weil jeder mehr wollte, als nur die Top 100 in den Diskotheken aufzulegen, versuchte man selbst etwas zusammenzuschustern. Wer es nicht richtig hinbekam oder beispielsweise keine gute Idee für einen Refrain hatte, nahm sich einfach Samples von bereits erfolgreichen Songs zur Hilfe. Und das war auch gut so – hätten doch andernfalls viele Eurodance-Klassiker gar nicht erst das Licht der Welt (bzw. der Dance-Floors) erblickt. Es gibt wirklich viele interessante Geschichten über die verschiedenen Eurodance-Formationen, deren Hits sowie ihre Entstehung. Und genau die sind die Basis der folgenden Seiten.

Viel Spaß mit den Helden des EURODANCE!

SNAP!

„The Power" und „Rhythm Is a Dancer" – zwei Über-Hits!

Foto: mit freundlicher Genehmigung von Penny Ford

Jeder kennt die Eurodance-Hymnen von **SNAP!** – noch heute werden sie für Film und Werbung genutzt, mal ganz abgesehen vom Radio, wo sie weiterhin rauf und runter laufen. Doch schon die Geschichte hinter **„The Power"** ist ziemlich spektakulär. Die beiden Frankfurter DJs Michael Münzing und Luca Anzilotti produzierten in den 80ern einige gemeinsame Mix-Tracks, denn sie hatten es satt, in ihren DJ-Sets nur die aktuelle Hitparade zu spielen. Was sie brauchten, waren neue tanzbare Songs – und zwar solche, die kein anderer DJ hatte. Nach mehreren Jahren des Herumexperimentierens entschieden sie sich dann dazu, aus dem Produzieren einen Fulltime-Job zu machen und das Auflegen aufzugeben. Eine gute Entscheidung, wie sich herausstellen sollte!

1988 gründeten sie ihr eigenes Label, um den Plattenfirmen eine Struktur zu bieten. Sie produzierten Songs für eingekaufte und lizensierte Künstler (z. B. Dr. Alban), die sie gleichzeitig vermarkteten. Wir schreiben nun das Jahr 1989. Beide wollten endlich mal wieder etwas Eigenes erschaffen, da der Spaß am Produzieren bei all der Label-Arbeit sehr oft zu kurz kam. So erblickte ihr eigenes Musikprojekt das Licht der Welt. Die zwei überlegten zunächst, wie sie dieses nennen könnten. Auf ihrem Atari-Computer stand in der Cubase-Producing-Software ganz oben rechts „Snap". Der gemeinsame Fingerzeig auf das Wort und schon war alles beschlossene Sache.

Innerhalb einer Woche entstand im Tonstudio aus der Spaß-Rückholaktion die Idee vom späteren Song **„The Power"**. Übrigens konnten die beiden keine

Noten lesen, auch keine Instrumente spielen – der Computer war ihr einziges Werkzeug. Bei **„The Power"** nutzten sie ganz ohne Bedenken und vor allem ohne Genehmigung Samples von Platten, die sie im Studio hatten und deren Teile sie mochten: den Rap aus „Let the Words Flow" von Chill Rob G, den Schlagzeug-Glocken-Loop aus „King of the Beats" von Kurtis Mantronik (der hat ihn wiederum von „Take Me To The Mardi Gras" von Bon James abgekupfert) und am Ende den wichtigsten Teil, nämlich das *„I've got the power"* aus „Love's Gonna Get You" (gesungen von Jocelyn Brown). Dann suchten sie eine Sängerin für den Song und alle weiteren Tracks, die sie inzwischen für das Projekt produzierten. Zunächst wollten sie unbedingt Chaka Khan („Ain't Nobody"), die lehnte jedoch ab, da sie kein Interesse an Rap-Musik hatte. Doch sie schlug den beiden Produzenten ihre Background-Sängerin und beste Freundin Penny Ford vor, die sie damals in ihrem Apartment in London wohnen ließ, weil sie keine eigene Wohnung hatte. Penny, die eigentlich Jazz-Sängerin mit Gospel-Background war, nahm den Job des Geldes wegen an und wurde prompt nach Deutschland eingeflogen, wo sie drei Tage lang die unterschiedlichsten Sachen für die beiden Produzenten einsang, rappte oder ins Mikro hauchte. Und das war ziemlich schwierig für Penny, wie sie sich heute erinnert, denn sie verstand die Eurodance-Musik überhaupt nicht, konnte damit nichts anfangen.

Irgendwann kamen sie dann zum fertigen Grundgerüst von **„The Power"**. Das Musikstück besaß zwar noch keinen Text, doch dafür hatten die Jungs ja nun eine Muttersprachlerin im Studio. Auch für diese Nummer sah Penny keinerlei Zukunft, dachte sich: einfach irgendetwas einsingen, Gage kassieren und dann weg hier! *„Ich verlangte eine Packung Zigaretten sowie eine Flasche Champagner und das gaben sie mir auch. Sie stellten das Mikrofon an und dann habe ich drauflosgesungen und improvisiert. Ich habe das eingesungen, was mir in den Sinn kam. Ich dachte, ich müsste das Zeug auch nie wieder hören."* Falsch gedacht, liebe Penny. Als ihr „Gesangs"-Part im Kasten war, machten es sich Münzing und Anzilotti mit dem Rest ziemlich einfach. Sie veröffentlichten ihn als „Power Jam featuring Chill Rob G", zusammengewürfelt aus den verschiedenen Samples. Womit keiner rechnete – der Track wurde schnell zum Erfolg in der Dance-Szene Europas. Was natürlich auch dazu führte, dass man sich um die Lizenzen für die Samples bemühen musste. Jocelyn Brown hatte zumindest aus Songwriter-Sicht keine Anteile an der Zeile, also einigte man sich mit dem ursprünglichen Schreiber Toni C. (heute ist er übrigens erfolgreicher Filmmusik-Komponist). Auch das Sample von Bon James kam zur Klärung. Deutlich schwieriger war es mit dem Amerikaner Chill Rob G. Der Rapper traf die wahrscheinlich unüberlegteste Entscheidung seines Lebens. Als ihm und dem Label-Boss (ein wirklich kleines Label) nämlich auffiel, dass der Song mit seinem Rap in Europa enorm erfolgreich war, machten sie einfach eine eigene, etwas abgewandelte Version für den US-Markt und veröffentlichten diese.

Nach dem europäischen Erfolg beschloss jedoch BMG Arista (die amerikanische Schwester der deutschen Plattenfirma BMG Ariola, bei der **SNAP!** unter Vertrag stand), den Song nach dem großen Anklang ebenfalls in den USA herauszubringen.

So einfach war das nun aber nicht mehr. In Amerika hatte ja schließlich Chill Rob G seinen Song draußen und hielt natürlich auch die Rechte am eigenen Rap-Part. Es kam, wie es kommen musste. Er stellte sich quer. Eine schnelle Veröffentlichung in den USA war für BMG somit unmöglich. Also galt es, schnell nach einer Alternative zu suchen. Ein neuer Rapper musste her! Für Münzing und Anzilotti spielte nach dieser Erkenntnis ein sehr musikalischer Herr Butler aus den USA eine enorm wichtige Rolle. Dieser kam 1985 mit der United States Army nach Deutschland und nahm nach seinem Dienst und einer anschließenden gemeinsamen Tour mit einer amerikanischen Band im Jahr 1989 eine Single mit Moses Pelham auf, der (große Überraschung!) beim 1988 gegründeten Label von Münzing und Anzilotti unter Vertrag stand. So lernten sie Durron Maurice Butler alias Turbo B kennen und wollten ihn als Rapper und Frontmann für ihr Musik-Projekt verpflichten. Er sagte zu, denn er war zur besagten Zeit genauso pleite wie Penny.

Auf sarkastische Weise wurde das Theater mit dem Rap-Part von Turbo B im Song verewigt: *„When my voice goes through the mesh. Of the microphone, that I am holding. Copy written lyrics, so they cant't be stolen."* Diese neue Version wurde im Januar 1990 als **„The Power"** veröffentlicht und anschließend auf der ganzen Welt zum Mega-Hit. Schnell verdrängte der Big Player BMG Arista in den Vereinigten Staaten die Version von Chill Rob G und seinem Label. Chill Rob G sagte später: *„Wir hatten keine Chance gegen das ganze Geld!"* Nur eine Theorie: Hätte er nicht eigenmächtig seine Version herausgebracht, hätte er sehr wahrscheinlich anstelle von Turbo B auf der ganzen Welt mit SNAP! ordentlich durchstarten können. Nun ja. Später überwarf er sich auch noch mit seinem Label-Boss und erhielt angeblich keinen einzigen Cent dafür, dass man seinen Rap verwendete. Armer Kerl!

Im Video zu **„The Power"** ist übrigens nicht Penny Ford zu sehen, sondern Jackie Harris, die Münzing und Anzilotti am selben US-Army-Stützpunkt fanden, wo auch Turbo stationiert war. Und genau das machte dem Label BMG Arista große Sorgen. Das Fiasko mit Milli Vanilli fand gerade erst statt und durfte sich unter keinen Umständen wiederholen. Nun, wie wir wissen, glaubte Penny zunächst überhaupt nicht an die Musikrichtung Eurodance und schon gar nicht an den Erfolg von **„The Power"**. Sie war also weiterhin mit Chaka Khan, Sould II Sould und Mick Jagger unterwegs. Bei Michael und Luca brannte derweil jedoch die Hütte, denn sie brauchten Penny für die weltweiten Live-Auftritte, die alle bereits geplant waren. Das Problem dabei: Niemand konnte Penny erreichen. Irgendwann spürte die Plattenfirma sie dann aber doch über Umwege auf. Penny war zwar geschockt vom Erfolg des Songs, stimmte allerdings sofort zu, denn die Gage war zu verlockend. Was sie zu dieser Zeit noch nicht wusste: Einfach würde die bevorstehende Zeit ganz und gar nicht werden!

Nun aber zunächst zurück zum Musikprojekt und den weiteren Meilensteinen. Vier Top-20-Songs folgten (u. a. „Ooops Up"). Und am 30. März 1992 erschien schließlich **„Rhythm Is A Dancer"** auf dem zweiten Album des Projekts. Ursprünglich war der Song nur eine Instrumentalversion und lediglich als Bonustrack für eine CD mit geringer Auflage geplant. Wir erinnern uns – damals war ja noch die Schallplatte das dominierende Medium. Die Nummer war zunächst auch tatsächlich nur für die eigene Diskotheken-Setlist von Münzing und Anzilotti produziert. Doch dann stellte sich heraus, dass eben jenes Lied zum heimlichen Renner auf den Tanzflächen avancierte. Viele DJs wollten den Titel spielen, aber er war ja nicht auf Schallplatte erhältlich, mit der damals alle auflegten. Also nahmen Michael und Luca den Song kurzerhand mit der großartigen amerikanischen Sängerin Thea Austin auf, die den Refrain schrieb. Turbo äußerte sich damals jedoch eher weniger begeistert: *„I don't like this whole shit"*. Doch er hatte keine Wahl. Aus Marketinggründen (er sollte unbedingt im Video zu sehen sein) wurde er zum Mitmachen verdonnert. Er verewigte seine Begeisterung im Rap-Part, den er ja stets selbst texten durfte: *„I'm serious as cancer, when I say rhythm is a dancer!"* – wir spekulieren jetzt einfach mal, dass diese (vermutlich schlechteste Rap-Zeile der Musikgeschichte) in direkter Verbindung zu Turbos damaliger Vorliebe für den Song steht. Münzing und Anzilotti baten ihn, die Zeile zu ändern, aber nein, Turbo stellte sich quer. *„Es ist mein Text und der bleibt so! Ich bin der Rapper, ich mach' das so!"* hat er ihnen an den Kopf geknallt. Neben ihm wollte allerdings auch die Plattenfirma nicht so recht an den Song glauben (trotz des überaus positiven Feedbacks der tanzenden Massen). In England wollten sie die Originalversion übrigens noch nicht einmal herausbringen. Erst die Remixe eines beauftragten Produzenten rechtfertigten die Veröffentlichung für die Verantwortlichen. Sie machten den Vorschlag, den Original-Mix bei der Maxi Single auf der B-Seite erscheinen zu lassen. Münzing und Anzilotti setzten sich allerdings durch. Ihr Mix erschien anschließend auf der A-Seite und einer der in Auftrag gegebenen Remixe auf der B-Seite. Die Originalversion der beiden entwickelte sich in England zur erfolgreichsten Single des Jahres, verkaufte ungefähr 700.000 Einheiten. So viel zum Thema „Kompetenz".

Übrigens: Auch bei **„Rhythm Is A Dancer"** wurde wieder gesampelt, denn die bekannte Melodie basiert auf dem Lied „Auto Man" von Newcleus (1984). Interessant ist jedoch auch, wie die Sängerin Thea Austin überhaupt erst zu **SNAP!** kam, war doch mit Penny Ford eigentlich eine passende Sängerin gefunden. Penny ging ja 1990 weltweit mit Turbo B auf Tour, um auf der Erfolgswelle von **„The Power"** zu reiten. Allerdings hatte Penny bereits mehr als zehn Jahre Erfahrung im Musikbusiness und Turbo überhaupt keine. Turbo wuchs in einem kleinen Ghetto auf und benahm sich laut Penny damals bei allen Auftritten total daneben, er wollte alle und alles kontrollieren und steuern. Penny fühlte sich bedroht und hatte die Nase irgendwann gestrichen voll. Sie brach die Zelte ab. Allerdings stand **„The Power"** zu diesem Zeitpunkt immer noch überall auf Platz 1 und sie verlor eine Menge Kohle – eine ganze Menge!

Münzing und Anzilotti brauchten also ein neues Goldkehlchen und baten Penny darum, einen adäquaten Ersatz für den nun freien Posten zu finden (am besten eine Amerikanerin). Zur damaligen Zeit im Jahr 1991 wurde Penny von einer jungen Dame namens Thea Austin für ein Magazin interviewt. Da die junge Journalistin nebenbei selbst Sängerin und Songwriterin war, spielte sie ihr kurzerhand einen selbst geschriebenen Song vor. Er gefiel Penny auf Anhieb und sie wollte ihn unbedingt für ihr eigenes Solo-Album haben. Dafür musste sie Thea allerdings auf elegante Art loswerden, damit diese den Song nicht mehr für ihre geträumte Musik-Karriere benötigte. Ein Gedankenblitz folgte. Sie fragte Thea, ob sie einen Reisepass habe. Drei Tage später saß sie im Flugzeug nach Frankfurt, wo **„Rhythm Is A Dancer"** und „Colour Of Love" entstanden. „Colour Of Love" war nach damaliger Meinung von Turbo B eine eindeutig bessere erste Single für Album Nummer 2. Er setzte sich durch. Nur deshalb erschien das Lied vor der Dancer-Single. Was auch ziemlich witzig ist: Thea kommt aus demselben kleinen Ghetto außerhalb von Pittsburgh, aus dem auch Turbo B stammt. Sie verstanden sich prächtig! Trotzdem blieb Penny hinter den Kulissen immer noch im SNAP!-Team und schrieb weiterhin mit an den Texten, da sie wenigstens in diesem Punkt nicht exklusiv an Sony gebunden war.

Außerdem organisierte sie (nachdem Thea sich mit Luca und Michael um mehr Geld stritt und rausflog) weitere Sängerinnen für das Projekt, so z. B. Niki Haris (ehemalige Sängerin bei Madonna), die die Snap!-Nummern „Ex-terminate!" und „Do You See The Light" sang, oder auch Paula Brown alias Summer, die „Welcome To Tomorrow" und „The First The Last Eternity (Till The End)" interpretierte. Mit diesen Songs folgten für Münzing und Anzilotti noch einmal weitere Charterfolge, bevor der SNAP!-Hype schließlich abebbte und nur noch einmal im Jahr 2003 mit einem Remix entfacht werden konnte.

Und wie ging es mit Turbo B weiter? Nach dem zweiten Album (sozusagen nach **„Rhythm Is A Dancer"**) zerstritt auch er sich mit Münzing und Anzilotti, allerdings aus einem anderen Grund. Der neue Sound von **SNAP!** ging damals eher in Richtung Trance und die beiden wollten deshalb keine Rap-Parts mehr. Er verließ das Projekt, kam jedoch nach einer gescheiterten Solo-Karriere und einem weiteren Eurodance-Projekt namens „Centory" im Jahr 2000 zurück. Noch heute tritt er bei 90er-Events auf und rappt uns in stattlicher Manier die größten Hits von **SNAP!**. Auch Thea Austin ist in den USA häufiger mit **„Rhythm Is A Dancer"** zu erleben und präsentiert das Lied mit glänzender Stimme. Der Song aus dem besagten Interview war übrigens „The Power Of Love". Er schaffte es nie auf das Solo-Album von Penny.

Trotz des erwähnten Flops ihrer Platte hat Penny weiterhin am meisten von allen zu tun. Seit dem großen Boom der 90er-Revival-Konzerte lässt sie sich mit neuen Rappern offiziell und mit Genehmigung als SNAP! verbuchen. Sehr oft an ihrer Seite: Benjamin Lowe, ein alter Hase im Showgeschäft. Er war zunächst im Heavy-Metal-Genre unterwegs, bis er im Jahr 1999 bei einem Konzert in Hollywood auf Penny traf. Sie wurden Freunde und da Penny natürlich um seine Fähigkeiten auf der Bühne wusste, dachte sie sofort an ihn, als 2006 ihr damaliger Rapper ausfiel. Aus einem einzigen geplanten Auftritt sind (Stand 2019) über 800 geworden. Wochentags übt der sympathische Amerikaner (der genau wie Penny in Deutschland lebt) übrigens auch noch einen ganz bodenständigen Beruf aus, er ist Finanzberater.

Die Produzenten Münzing und Anzilotti genießen derweil ihr Leben und „arbeiten ihre Bucket-List" ab, wie Penny so schön sagt. Während sie mit jeder TV-Werbung, die **„The Power"** verwendet, ordentlich abkassieren, werden in den USA bestimmt zwei Leute sitzen und sich fragen, warum sie eigentlich nicht so viel Glück im Leben hatten: Chill Rob G, dessen Chance, der berühmte SNAP!-Rapper zu sein, für immer verloren ist. Und Jocelyn Brown, deren Stimme man bei der legendären Zeile *„I've got the power ..."* hört, welche das Lied ja eigentlich auch erst zum großen Hit machte. Sie kämpfte laut eigener Aussage übrigens noch gut zwei Jahrzehnte dafür, dass sie für ihre Stimme im Song die Tantiemen erhält.

Sampling hin oder her. Solange jeder das erhält, was er für seine Leistung verdient, ist ja alles in bester Ordnung. Am Ende waren **„The Power"** und **„Rhythm Is A Dancer"** Welthits, die uns allen Freude bereiteten und es auch immer noch tun. Es ist halt, wie Steve Jobs einst sagte: *„Gute Künstler kopieren, große Künstler stehlen!"*. Nebenbei sei noch kurz vermerkt, dass einige Stimmen in der Vergangenheit behaupteten, das Snap!-Logo sei nur ein Nachbau des Logos vom amerikanischen Label Stax Records. Und Steve Jobs nahm sich das Zitat von Pablo Picasso!

Foto: mit freundlicher Genehmigung von Penny Ford

LA BOUCHE

LANE MCCRAY UND DIE UNVERGESSENE MELANIE THORNTON!

Lane McCray Junior – seine Karriere startete Anfang der 90er bei **La Bouche** – war eigentlich schon seit Kindheitstagen ein Entertainer. Mit 18 Jahren trat er 1980 der US Air Force bei und wurde Teil der United Air Force Band (ein 30-Mann-Orchester, das schon seit 1941 existiert). Nebenher performte er auch noch in Musicals wie „West Side Story", „A Chorus Line" oder „Sophisticated Ladies" und arbeitete für zwei Jahre bei Sea World in Texas. Anschließend wurde er jedoch nach Europa versetzt und zunächst in Deutschland und dann in der Türkei stationiert. 1991 ging es für ihn zurück nach Deutschland, wo er auf die außergewöhnlich begabte Amerikanerin Melanie Thornton traf.

Foto: Lane McCray

Sie nahm mit elf ihre ersten Gesangsstunden und sang während ihrer College-Zeit in zahlreichen Coverbands, was ihr jedoch nach Jahren nur noch wie Arbeit vorkam, sie wollte einfach etwas anderes. Ihre Schwester wohnte zu diesem Zeitpunkt in Deutschland, da ihr Mann dort stationiert war. Sie bettelte Melanie über zwei Jahre an, ins fremde Germany zu kommen, doch erst jetzt, im Februar 1992, als es in den USA nicht mehr lief und sie ein tolles Angebot des Onkels ihres Schwagers (Uncle Bob) erhielt, fasste sie sich ein Herz und wagte es.

Bob arbeitete nämlich in der Münchener Musikindustrie und schlug Melanie vor, sie zu unterstützen und ihr einige Jobs zu verschaffen. Als ihre Schwester ihr dann auch noch das Flugticket bezahlte, löste Melanie ihre Wohnung auf, zahlte alle ihre offenen Rechnungen und flog mit den letzten 15 Dollar in der Tasche nach München, wo sie bei ihrer Schwester einzog und Bob traf. Mit dessen guten Kontakten zu Produzenten und Musikern bekam sie dann tatsächlich schnell Jobs und sang u. a. wieder in einer Coverband. Wir schreiben nun das Jahr 1993. Bei einem Auftritt eben jener Coverband waren auch die Bandmitglieder von Groovin' Affairs anwesend (einer Band, die übrigens bis heute besteht). Sie waren so begeistert von Melanie, dass sie die Amerikanerin zu einem kleinen Auftritt im Saarland (der Heimat der Band) einluden. Mit ihrem Erscheinen rechneten die Jungs eigentlich gar nicht, doch Melanie kam und ihr gefielen diese Musiker wesentlich besser als die ihrer damaligen Formation. Sie vereinbarten eine Probe, bei der die Chemie sofort stimmte. Wie Bandmitglied Sascha sich heute erinnert, war allen schon direkt klar, dass die neue Sängerin eine große Karriere vor sich hatte.

Schließlich kam es dazu, dass der Leadsänger Eddie Lawson bei einem ihrer Auftritte nicht dabei sein konnte. Er schlug jedoch prompt seinen Freund Lane McCray vor, der, zum Glück für die Band, kurzfristig einsprang. Und der hippe Amerikaner mit den verrückten Outfits machte seinen Job seeehr gut! Er sang, rappte und begeisterte die Menschen inklusive der Bandmitglieder. Auch die ebenfalls zielstrebige Melanie war hin und weg von seiner Bühnenpräsenz. Da sie zu jener Zeit gerade mit zwei deutschen Produzenten (die sie natürlich durch Uncle Bob kennenlernte) ein Eurodance-Projekt aufbauen wollte, für dieses aber noch kein Rapper feststand, fragte sie spontan Lane, ob er denn nicht Interesse hätte. Er hatte! Also ging es für ihn ins Studio, wo ein Song bereits so gut wie fertig war – „Sweet Dreams".

Doch kein einziges Label in Deutschland wollte den Song haben. In Frankreich fanden die beiden Produzenten letztendlich Unterstützung bei Scorpio Music, die im Laufe der 90er eine ganze Reihe Eurodance-Acts unter Vertrag nahmen. Sie sendeten es u. a. an einen befreundeten Radio-DJ in Italien. Dieser spielte die süßen Träume rauf und runter, bis sie schließlich auf die Eins in den italienischen Charts gingen. Das machte auch Hit-Produzent Frank Farian aufmerksam. Er meldete sich sofort bei den jungen Producern von **La Bouche** und vermittelte sie zu seiner Plattenfirma BMG. Davon berichtete Melanie übrigens direkt ihren Bandkollegen, die allesamt sprachlos waren, schließlich kannten sie den erfolgreichen Produzenten, der wie sie Saarländer ist, aus Funk und Fernsehen. Farian und sein Team gaben dem Projekt den nötigen Boost. Die Plattenfirma startete umgehend ihre Maschinerie. Zunächst veröffentlichten sie den Song im Hochsommer 1994 in Deutschland und Frankreich. Und von dort aus eroberte er auch den Rest Europas im Sturm, es hagelte Top-10-Platzierungen! Auch Amerika war neugierig, also produzierte Frank Farian einige Remixe. Nach dem großartigen Erfolg hieß es für einige Live-Auftritte noch: Groovin' Affairs feat. La Bouche, doch spätestens mit der Veröffentlichung des ersten Albums, das auf Drängen der Plattenfirma nun schnell entstehen musste und von Frank Farian als Hauptproduzent umgesetzt wurde, starteten Melanie und Lane als eigenständiges

Projekt so richtig durch. Das Werk enthielt u. a. den zweiten Hit „Be My Lover", der in Deutschland die Chartspitze erreichte und auch bei sämtlichen anderen Nationen einschlug. Zum Beispiel gelang ein 6. Platz in Lanes Heimat, dem größten Musikmarkt des Planeten („Sweet Dreams" schaffte dort „nur" Rang 13). Das allgegenwärtige „Ladadadidadadada" ist übrigens nur im Song enthalten, weil sie einfach keine passenden Worte fanden, wie Lane heute zugibt. Und über noch etwas plaudert er aus dem Nähkästchen – eine ganz spezielle Tour-Nacht. Beim Betreten seines Hotelzimmers stellte er fest, dass auf dem Bett zwei fremde Frauen in anzüglicher Kleidung auf ihn warteten. Doch noch bevor er die Situation verstehen konnte (und sich vielleicht ja sogar darüber freuen), schmiss sein Security-Mann beide raus. Die Bandkollegen von Groovin' Affairs wurden hingegen nicht rausgeschmissen. Stattdessen machte man die Musiker im Jahr 1995 kurzerhand zur La Bouche-Begleitband bei Live-Auftritten. Ziemlich ungewöhnlich für eine Eurodance-Formation, doch es funktionierte. Die eher synthetischen Sounds wurden ganz einfach durch echte Instrumente (gemischt mit Keyboardsequenzen) ersetzt. Die Fans erlebten eine großartige Live-Show, und die feuerte die Formation zum Beispiel in Finnland, Rumänien, Albanien, Malaysia oder auch Südafrika ab.

Die Songs „Fallin' In Love", „I Love To Love" und „Bolingo" folgten und verhinderten, dass **La Bouche** als Two-Hit-Wonder in die Chartgeschichte einging. Allesamt bildeten sie die nächsten Erfolge für Melanie, Lane und ihre inzwischen drei Produzenten. Sie verlängerten ihre Live-Tour deshalb immer weiter. Hinzu kam die sechsmonatige Studio-Arbeit für Album Nummer 2 (ebenfalls unter Leitung von Farian). Dieses erschien im Jahr 1997, wurde jedoch leider ein Flop. Mit Sicherheit war ein Grund dafür die Tatsache, dass plötzlich nicht mehr nur Melanie, Lane und die Macher alle Songs komponierten und schrieben, sondern zahlreiche weitere Menschen von der Plattenfirma angewiesen wurden, für das Musikprojekt tätig zu werden. Viele Köche verderben halt doch meistens den Brei, wie Lane bestätigt. Sein persönlicher Favorit des Albums war übrigens „Say It With Love", er wurde zum großen Teil von Melanie geschrieben. Die Plattenfirma verlor mit dem Scheitern des Albums jedenfalls den Glauben an das gesamte Projekt.

Hinzu kam, dass Melanie zur damaligen Zeit zu einem gemeinsamen Live-Auftritt mit Lane flog und ihm offenbarte: *„Das hier ist mein letzter Gig für La Bouche"*, was ihn kalt erwischte, denn die beiden waren enge Freunde und sie hatte vorher nie einen Ausstieg erwähnt. Somit war das Projekt am Ende seiner Laufzeit angelangt. Melanie konnte anschließend mit ihrem 2001 veröffentlichten Album „Ready To Fly" und der ersten Single „Love How You Love Me" auf grandiose Art und Weise an die Erfolge von **La Bouche** anknüpfen. Doch während der Promotion zur Folge-Single „Wonderful Dream", die sie gemeinsam mit Coca-Cola aufnahm, fand ihr junges Leben ein abruptes Ende. Am 24. November 2001, nach einem Auftritt in Leipzig, stieg sie ins Flugzeug, das sie in die Schweiz zur nächsten Bühne bringen sollte. Dort kam sie jedoch nie an. Das Flugzeug stürzte ab.

Besonders brisant: Wenige Stunden vor dem Absturz gab sie noch ein Interview in Leipzig. Darin sprach sie über die Anschläge des 11. September und sagte wortwörtlich: *„We all know that tomorrow is not promissed!"* Melanie hinterließ uns den vielleicht schönsten Weihnachtssong sowie ihr Debütalbum, in das sie eine Menge Arbeit steckte. Ihr ehemaliger Bandkollege Lane brauchte nach ihrem Tod einige Jahre, um wieder musikalisch tätig zu werden. Seit 2015 reist er mit der entzückenden Ungarin Sophie Cairo, die in ihrem Heimatland eine bekannte Sängerin ist, um die Welt und macht die Menschen mit den alten La Bouche-Krachern happy. Dabei präsentiert er allen 90er-Kids seine voluminöse Stimme, die nicht nur Rap kann! Aber was bedeutet denn nun eigentlich „La Bouche"? Ganz einfach, es ist das französische Wort für „Der Mund".

MR. PRESIDENT

Ayaya Coco Jambo!!!

Foto: Delroy Rennalls

Jedes Kind konnte in den 90ern den Refrain von **„Coco Jambo"** mitsingen – und heute gelingt es immer noch den meisten, sicher auch dir. Ist ja auch nicht besonders schwer! Aber kennst du die Geschichte hinter dem Musik-Projekt? 1991 gründeten die Bremer DJs Jens Neumann und Kai Matthiesen das Techno-Projekt Satellite und produzierten es auch selbst. Noch im gleichen Jahr entstand die Formation **Mr. President**, zunächst vertreten durch Rapper George E. Jones alias Sir Prophit Of Funk sowie die zwei Tänzerinnen Judith Hildebrandt mit dem Künstlernamen T-Seven (damals erst 14) und Daniela Haak alias Lady Danii. Trotz fehlender Gesangsausbildung wurden aus den Tänzerinnen ziemlich bald schon Sängerinnen.

Zur selben Zeit war ein anderer Herr längst als Tänzer in Deutschland unterwegs. Delroy Rennalls kam mit seinem Bruder Ende der 80er das erste Mal von England nach Deutschland. Sie pendelten etwa ein Jahr lang für Auftritte hin und her, bis sie dann letztendlich das Angebot erhielten, in Hannover zu tanzen. Sie nahmen an, doch die Pendelei blieb, schließlich hatten sie auch in England ihre regelmäßigen Auftritte. Sie merkten schnell, dass eine Entscheidung her musste – Deutschland oder England. Sie wählten das für sie als Tänzer lukrativere Deutschland. Irgendwann hatten sie dann jedoch vom bloßen Tanzen „die Schnauze voll", wie Delroy heute sagt. Stattdessen stand für sie nun die Musik im Vordergrund.

Dumm nur, dass auch sie keine Gesangsausbildung hatten. Und was macht jemand, der weder eine trainierte Stimme hat, noch Kontakte zu einem Produzenten besitzt und außerdem auch keinerlei Instrumente spielen kann? Genau – er wird DJ! Ein verrückter Zufall verhalf den beiden zum ersten richtigen Job. Sie waren bei einem Kunden in dessen Diskothek namens Funky Town, um sich dort vorzustellen. Der Mann besaß eine riesige Plattensammlung. *„Wirklich überall standen Schallplatten ungenutzt herum"*, erinnert sich Delroy. Die Brüder bedienten sich einfach und legten ganz nach ihrem Gefühl auf. Der Chef des Hauses fragte die zwei schließlich, woher sie denn all die tollen Platten hätten. *„Das sind nicht unsere, die stehen alle da. Wir spielen die nur"*, war die Antwort. Der Clubbesitzer war baff. Er kaufte jede Woche unzählige Platten, aber alle seine Haus-DJs spielten sie nicht. Also heuerte er die Jungs aus England an. Das Problem dabei: Die beiden waren ja eigentlich gar keine echten DJs, hatten absolut keinen blassen Schimmer vom Auflegen. Doch Delroy wusste sich zu helfen. Ihm war klar, dass sein Bruder eine gute Stimme hatte, also machen sie den Deal, dass er die Songs einfach weiter singen würde, während Delroy die Platte wechselte. Alle Leute waren perplex. So etwas gab es nirgends. Und noch dazu hatten die zwei DJs echt viel Spaß bei dem Experiment. Es sprach sich herum und nach vier Wochen war die Diskothek immer voll, wenn die Engländer auflegten. Irgendwann kam dann eine Band auf die Jungs zu und sie wurden gefragt, ob sie diese Art von Musik nicht mal mit ihnen zusammen machen könnten. Da Delroy und sein Bruder genau so was immer wollten, stimmten sie zu. Mit den Bandmitgliedern kamen sie jedoch bereits während der ersten Probe nicht zurecht, denn die Vorstellungen von cooler Musik gingen zu weit auseinander. Nur der Keyboarder, der wusste genau, was den Brüdern gefiel. An ihm orientierten sie sich und die erste Live-Show ging über die Bühne. Zu allem, was er spielte, konnten die Jungs singen oder rappen (nun auch Delroy).

Nach ein paar Monaten kamen die anderen Bandmitglieder zu ihnen und schmissen sie raus. Der Keyboarder ging mit. Zusammen gründeten sie eine eigene Band – Fresh & Fly. Delroy und sein Bruder sangen und der Keyboarder übernahm die Musik. Sein Name: Mousse T. So langsam kam alles ins Rollen, denn Delroy rappte zwischendurch für viele andere. Durch die vielen Produktionen lernte Delroy so einige Menschen kennen. Bei einem DJ-Wettbewerb in Bremen 1988 z. B. auch die späteren Mr.-President-Producer Jens und Kai. Delroy gewann den Contest überlegen, indem er (für alle anderen DJs unverständlich) mit drei Plattenspielern mixte, was er sich innerhalb von sechs Monaten in der Funky-Town-Diskothek selbst beigebracht hatte. Er startete als Lückenfüller und war am Ende der überlegene Sieger.

Aber nun zurück zu **Mr. President**. Von der Gründung 1991 bis zum ersten Hit vergingen zwischenzeitlich drei ganze Jahre. Im Jahr 1994 erblickte dann die Single „Up'n Away" das Licht der Welt. Der erste Erfolg in den Charts! Doch der damalige Rapper konnte diesen gar nicht mehr richtig miterleben, denn es kam zum Zerwürfnis mit den beiden Produzenten. Dumm nur, dass ausgerechnet die Promotion-Tour für eben jenen Song bevorstand. Das große Ziel: das Lied bekannt machen, um ein ganzes Mr.-President-Album aufnehmen zu dürfen. In der Not riefen die Macher ihren englischen Kumpel Delroy Rennalls an (sie kannten ihn vom besagten Contest), der des Geldes wegen einsprang und die Promotion-Termine als vorübergehender Rapper absolvierte. Doch damit nicht genug. Das Album wurde genehmigt und die Arbeit konnte beginnen. Nach nicht mal einem Monat war alles im Kasten. Die Mädels sangen und Delroy rappte wie am Fließband. Die Musik schlug so ein, dass **Mr. President** anschließend auf Tour ging und außerdem auch bei großen Dance-Konzerten auftreten durfte. Es blieb kaum Zeit für neue Songs, doch die waren schon in der Pipeline. Einer von ihnen hieß **„Coco Jambo"**. Laut Tänzerin Judith Hildebrandt hatten allerdings alle das Gefühl, die Produzenten wollten sie verarschen.

Delroy mochte zwar die Musik, hatte aufgrund des Refrain-Textes zunächst aber überhaupt keine Lust auf den Song. Für ihn war dieser einfach nur Schrott, er hasste ihn regelrecht. Immerhin wollte Delroy damals cool sein und dieser Track war eher poppig-kommerziell. Die Produzenten schlugen ihm vor, er könne seinen eigenen Strophen-Text rappen und müsse nicht singen, wie es zuerst geplant war. Doch das wollte Delroy auf keinen Fall, er hatte viel zu viel Angst um sein Rapper-Image. Also ging er sehr negativ an die Arbeit heran. Zähneknirschend sang er den Refrain schließlich doch ein, meinte danach aber, dass die Mädels einfach die Strophen mit ihrem Gesang füllen sollen. Die Produzenten sprachen ein Machtwort – das wäre zu viel Gesang, es müsse Rap sein! Er verweigerte für den Moment, doch bei den nächsten Aufnahmen würde er fällig sein, das wusste Delroy.

Auf der Zugfahrt von Hannover nach Bremen zum Studio legte er zu De La Souls „Ring Ring Ring" ein ungeplantes Nickerchen ein. Als er wieder aufwachte, war die Idee geboren. Im Studio warteten alle gespannt auf den versprochenen Text. Delroy hingegen hatte nur eines im Sinn – den Rap-Part wie den in „Ring Ring Ring" klingen zu lassen, sodass es letztendlich zuuu ähnlich wäre und der ganze Song eingestampft werden würde. Wie aus der Pistole geschossen, rappte er alle geschriebenen Worte runter. Doch der Schuss ging für ihn nach hinten los. Es herrschte Begeisterung bei den Produzenten. *„Das ist das Beste, was wir je von dir gehört haben!"* Delroy dachte, sie hätten so früh am Morgen schon getrunken, doch aus der Nummer kam er nicht mehr raus. Die Mitglieder von **Mr. President** waren gerade in Dänemark, als nach der Veröffentlichung des Liedes die erste Chartplatzierung eintrudelte. Normalerweise stiegen die Songs des Projekts immer bei 70 ein und kletterten ganz langsam bis hoch in Richtung 20 oder 15. Das höchste der Gefühle vor **„Coco Jambo"** war die 12. Doch diesmal nicht. Der Song startete direkt auf Platz 5 und toppte damit alle Erwartungen!

Woche für Woche stieg er immer höher. Nur an „Macarena" konnte er nicht vorbeiziehen, zumindest nicht in Deutschland (in Österreich und der Schweiz jedoch schon). Als die Macarena-Welle dann ganz langsam abnahm, waren Delroy und die Girls gerade in New York. „Macarena" war nicht mehr Nummer 1, dafür aber ein anderer Titel, nämlich „Killing Me Softly" von The Fugees. *„Was? Wir sind immer noch Nummer 2?"* – Delroy muss heute noch darüber schmunzeln. Mit „I Give You My Heart", „JoJo Action", „Take Me To The Limit", „Happy People" und „Give A Little Love" knüpften sie in den Folgejahren an den Über-Hit an und waren nun permanent on tour. USA, Südamerika, Japan ... das Ausland hat sie auch Ende der 90er noch enorm gefeiert. In Deutschland sank der Zuspruch für die Musik und das Eurodance-Projekt hingegen.

„Schuld für das Ende der Eurodance-Ära trägt u. a. auch die Presse", so Delroy. Mit dieser Sicht auf die Dinge ist er nicht alleine. Damals wurden die Künstler in den einzelnen Projekten früher oder später permanent von einigen Zeitschriften angegriffen. Dieser Sänger sang nicht, dieser Rapper ist gar kein richtiger Rapper. Doch den Ärger, den das Musikgeschäft mit sich bringt, erlebten Delroy, Judith und Daniela auch in den eigenen Reihen. Das Management machte nämlich strenge Auflagen in vielerlei Hinsicht. Judith wurde beispielsweise verboten, mit ihrem damaligen neuen Freund zusammen zu sein. Letztendlich führten die Vorschriften und der unfeine Umgang im Team zum Bruch, den auch der erfahrene Delroy nicht mehr reparieren konnte. Judith hatte schlichtweg keine Lust mehr auf die Menschen hinter den Kulissen und ihr Freund schob sie außerdem noch in Richtung Solokarriere. So kam es 1999 zum Ausstieg bei T-Seven. Und dieser brach dem gesamten Projekt das Genick, denn er kam zum denkbar schlechtesten Zeitpunkt.

Trotzdem gaben die Macher alles, um das Projekt fortzuführen. 2004 verließ dann auch Delroy das Projekt. Er arbeitete zwar mit anderen zusammen, doch der Spaß kam erst zurück, als er Songs für sich selbst schrieb. Einen Producer hatte er nun nicht mehr, also brachte er sich das Produzieren, wie in den 80ern das Auflegen, selbst bei. Erste Auftritte mit den Songs im 90er-Gewand in Ungarn, Dänemark und Finnland kamen richtig gut an, also startete Delroy das Projekt LayZee aka **Mr. President**, mit dem er auch heute noch samt Sängerin im Rücken um die Welt tourt.

Daniela Haak alias Lady Danii leitet heute ein Modelabel, Judith alias T-Seven ist Radio-Moderatorin und gibt ab und an kleine Konzerte. Delroys Bruder ist übrigens für eine lange Zeit der Geschäftspartner von Mousse T gewesen und zog sich schließlich aus dem Musikgeschäft zurück. Mit Sicherheit schauen alle von ihnen gerne auf die 90er zurück, in denen **Mr. President** 20 Millionen Tonträger verkaufte. Zum Schluss lüften wir noch das Geheimnis um das Wort „Jambo" – so sagt man nämlich auf Suaheli in Ostafrika „Hallo!".

2 BROTHERS ON THE 4TH FLOOR

EURODANCE AUS DEN NIEDERLANDEN!

Foto: Ilona Hartensveld

2 Brothers on the 4th Floor hatten in den Niederlanden zahlreiche Top-10-Hits. Im deutschsprachigen Raum konnten sie mit vier ihrer Songs wirklich gut punkten. Gegründet wurde das Projekt von zwei Brüdern aus den Niederlanden – Bobby und Martin Boer. Bereits in jungen Jahren bekamen sie von ihrem Onkel ein Aufnahmegerät geschenkt, was ihre Musikleidenschaft nur noch mehr entfachte. Zu Beginn der 80er-Jahre, als ihre Plattensammlung immer größer wurde und sie sich Turntable und DJ-Mixer zulegten, war der Weg in die Szene geebnet.

Bald erstellten die beiden ihre eigenen Mixe und brachten die Kassetten in der Schule unter die Leute. Während sich Martin (inspiriert vom niederländischen DJ Ben Liebrand) eher auf die Musik konzentrierte, war Bobby hauptsächlich für das Artwork und die Verkäufe in ihrem Umkreis zuständig. Letztere nahmen stetig zu, wodurch sie schnell zu gefragten DJs in der Schule, den lokalen Diskotheken und bei Sportvereinen wurden. Sie verkauften sogar ihre eigenen Shirts und Pullover. Mit dem dadurch verdienten Geld besorgten sie sich schließlich ihr erstes professionelles Musik-Equipment.

1987 produzierte Martin einen Megamix der Formation Fun Fun, der auch sofort von einem Label veröffentlicht und mit Platz 5 zum Überraschungshit in den Niederlanden wurde. Dadurch leckte er Blut und nahm immer mehr Mix-Tapes auf.

Sein Bruder Bobby fand zu dieser Zeit Gefallen am Komponieren von Melodien und hielt persönlich weniger vom Mixing für andere Künstler. Genau diese Kombination sollte letztendlich zu einer erfolgreichen Eurodance-Karriere führen. Zwei Singles für das Projekt 2 Static mit Rapperin Nasty Chat waren der Beginn der musikalischen Zusammenarbeit. Diese an sich waren zwar weniger erfolgreich, jedoch nutzte der Schwede Melodie MC daraus ein Sample für seinen Song mit dem intellektuellen Titel „Dum Da Dum", der wiederum zum europaweiten Hit avancierte.

Den nächsten Song kreierten sie dann endlich für sich selbst. Allerdings musste für ihr Duo noch ein gescheiter Name her – vor allem einer, der im Kopf blieb! Sie mussten nicht lange überlegen. 2 Brothers stand schnell fest. Doch das reichte ihnen nicht. Es gab in der Musikbranche damals viele ähnlich aufgebaute Namen, so z. B. 2 In A Room oder 2 Static. In Utrecht wohnten die Brüder gemeinsam im 4. Stock eines Apartmenthauses – mehr muss man zur Namensfindung wohl nicht erklären. Der Song „Can't Help Myself" entstand anschließend. Rapper Da Smooth Baron (ihn lernte Martin durch Rapperin Nasty Chat kennen) sowie Hobby-Sängerin Peggy (Sekretärin bei ihrem Label Arcade Records) waren die Interpreten des Songs. Dieser erreichte prompt Platz 6 in ihrer Heimat und auch in Deutschland räumten sie einen respektablen 32. Platz ab. In den amerikanischen Billboard Dance Charts und Club Play Charts war der Track sogar ein Top-5-Hit. Die daraufhin veröffentlichte Single „Turn The Music Up" wurde von Gale Robinson gesungen, die beim Label für ein anderes Projekt tätig war, deren Stimme den Jungs jedoch so gut gefiel, dass sie sie gleich mal baten, auch für ihr Musik-Projekt zu singen. Diese und Single Nr. 3 wurden zwar auch zu Hits in den Niederlanden, aber eben tatsächlich nur dort. 1993 kamen sie dann mit neuem Sound und neuen Künstlern zurück. Rapper Da Smooth Baron wurde Teil eines anderen Musikprojekts, also beschlossen sie, es vielen Gruppen gleichzutun und ebenfalls verschiedene Künstler für verschiedene Songs einzusetzen. Der neue Rapper D-Rock (der in der Nachbarschaft der Brüder wohnte) und die Sängerin Des'ray, mit der sich Martin bei der Arbeit für ein anderes Label anfreundete, bildeten von nun an das Stamm-Duo des Projekts. Beim Einsingen von „Never Alone" (der kommenden Single) waren sie so enthusiastisch, dass die Brüder sie sofort verpflichteten, wie sich Bobby erinnert. Das Kuriose – die beiden sangen zunächst gar nicht zusammen im Studio, sondern trafen sich erst kurz nach der schnellen Veröffentlichung von „Never Alone" beim Abflug nach Mexiko, wo sie gemeinsam auftreten sollten. Für Bobby ist das im Nachhinein ziemlich bizarr.

Mit dem Song belegten sie jedenfalls einen sensationellen zweiten Platz in ihrer Heimat. Für die Brüder ging damit ein Traum in Erfüllung – ihr nächster Songtitel ließ somit keine Alternative zu – „Dreams (Will Come Alive)" lautete dieser. Es wurde ihr erfolgreichstes Werk! Der Track erreichte in Deutschland zwar nur Platz 25 und in der Schweiz Platz 32, in den Niederlanden gelang ihnen damit jedoch ein Nr.-1-Erfolg! Bobby gibt zu, dass sie den enormen Erfolg damals überhaupt nicht begreifen konnten. Dafür scheint das Internet heute eine große Hilfe zu sein. Noch immer erhalten sie nämlich Mails aus der ganzen Welt, in denen die Fans berichten, was ihre Musik damals für sie bedeutete und es weiterhin tut.

Etwa zeitgleich zum großen Single-Hit kam auch das Album „Dreams" heraus. Es holte in den Niederlanden Rang 5 und war insgesamt 27 Wochen in den Album-Charts vertreten. In Deutschland schaffte es das Werk allerdings nur auf Platz 91. Die weitere Single-Auskopplung „Let Me Be Free" kam auf Platz 43 in Deutschland, floppte allerdings in Österreich und der Schweiz. Bei den Österreichern gelang ihnen ihre erste und einzige Chartplatzierung übrigens mit der Folgesingle „Fly Through The Starry Night", die wiederum in Deutschland und der Schweiz unterging. Verrückt! 1996 erschien Album Nummer 2, das sie einfach „2" nannten. Es erreichte Platz 18 in ihrer Heimat, aber keine Platzierung im deutschsprachigen Raum.

Nachdem der Erfolg ab 1999 auch in den Niederlanden nachließ, wurde das Projekt langsam eingestampft. Heute treten Rapper D-Rock und Sängerin Des'ray allerdings wieder mit den Songs von **2 Brothers on the 4th Floor** bei Revival-Konzerten auf, absolvieren jeden Monat noch so einige Auftritte, weltweit! Und die Brüder Bobby und Martin? Die haben beide ihre Leidenschaft aus Jugendjahren zu ihren Berufen gemacht. Bobby ist Grafik- und Webdesigner und Martin arbeitet als Musikproduzent, u. a. fürs Radio. Ihrem Heimatland sind beide treu geblieben. Sie freuen sich auch immer wieder, wenn ihre Eurodance-Songs in Filmen wie „Nitro – New Kids" genutzt und damit den neuen Generationen zugänglich gemacht werden.

INTERACTIVE

Techno-Tracks Made in Germany!

Foto: Ralf Zenker

Jens Lissat (rechts im Bild) war bereits in den 80ern als DJ in Hamburg bekannt. 1987 verschlug es ihn nach Krefeld, wo er regelmäßig in der Königsburg auflegte. Doch bald wollte er nicht mehr nur am DJ-Pult stehen, sondern auch eigene Tracks produzieren. Allerdings brauchte er dafür einen Partner, der eine Ahnung davon hatte. Seine Anlaufstelle war ein Tonstudio. Dessen Inhaber brachten ihn mit seinem Angestellten, dem damals 20-jährigen Ramon Zenker zusammen, der im Gegensatz zu Jens einige Musikinstrumente spielen konnte und natürlich versiert im Produzieren von Songs war. Beide verwirklichten anschließend einige Songs zusammen und wurden zu einem eingespielten Team.

Es dauerte nicht lange, da entstand die Idee, einen Track für eben jene Location zu schreiben, in der Jens arbeitete, sozusagen eine Hymne. Diese tauften sie „The Techno Wave". In einem englischen Musikmagazin fanden sie den Begriff „Interactive", der ihnen direkt ins Auge sprang. Der Projektname **Interactive** stand also auch, somit konnte es losgehen. Da „The Techno Wave" in der damals frisch aufblühenden Techno-Szene zum Achtungserfolg wurde, planten Jens und Ramon anschließend die Zukunft des Projekts. Schnell stand die Richtung fest – sie wollten Songs mit mehr Text und Gesang produzieren, weshalb der nächste logische Schritt die Auswahl eines Sängers war. Die Wahl fiel auf Marc Innocent.

Er und Ramon waren befreundet und in den 80ern Bandkollegen einer Synthie-Pop-Kombo namens „Sample And Hold", in der Marc für die Texte und den Gesang zuständig war. Ramon wusste also um die Fähigkeiten seines ehemaligen Band-Kollegen und holte ihn ins Boot. Die nächsten beiden Singles in den Jahren 1990 und 1991, die sie (genau wie alle anderen Singles bis „Amok") beim Düsseldorfer Label Dance Street veröffentlichten, waren nur auf lokaler Ebene ein Erfolg. Übrigens gab die Königsburg immer ihr Logo für die Plattencover her. Während Ramon und Marc an den nächsten Songs feilten, trat das Projekt auch als Live-Act auf. Ihr erstes Album, das im Januar 1992 das Licht der Welt erblickte, trug den Namen „Intercollection" und enthielt zwei Songs, die als Singles zu Hits wurden. Zum einen wäre da „Who Is Elvis", dem Platz 12 in Deutschland und Platz 22 in der Schweiz vergönnt war. Der zweite Chart-Song des Albums trägt den Namen „Dildo". Er konnte in Deutschland die 31 erreichen und in Holland Platz 18. Anschließend veränderte sich der allgemeine Techno-Sound und auch innerhalb des Projekts fand ein Umschwung statt. Ramon wechselte dauerhaft zurück ins Studio, sodass Sänger Marc das Projekt alleine auf den Bühnen vertrat.

Und das hatte auch einen verständlichen Grund. Damals musste man für Live-Auftritte noch sehr viel Aufwand betreiben, z. B. Synths, Sampler und Sequenzer mitschleppen – zu viel für Ramon. Übrigens nimmt Marusha noch immer Vinyl-Platten aus der eigenen Sammlung mit zu ihren Auftritten. Unterstützung erhielten Ramon und Jens im Studio von Andreas Schneider, den Ramon ebenfalls schon lange kannte (die beiden arbeiteten nämlich zusammen am Techno-Projekt „Perplexer" und sorgten dabei für Hits wie „Acid Folk" sowie „Da Capo"). Tatsächlich hatte Andreas auch die Idee zum Techno-Cover von „Forever Young", dem erfolgreichsten Track von **Interactive**, bei dem sich die Jungs vom angesagten Sound von „Tears Don't Lie" (Mark Oh) mit den hochgepitchten Stimmen inspirieren ließen. Die Rechnung ging auf – und wie! Platz 7 und Gold-Status in Deutschland, die 12 in Österreich sowie 15 in der Schweiz und den Niederlanden. Auch in vielen anderen europäischen Ländern war der Song ein großer Charterfolg, sogar Australien belohnte die Nummer mit Platz 15 und Gold, was für die Jungs damals schier unglaublich war.

Doch gleichzeitig brachte es auch viel Druck mit sich, denn schließlich mussten sie nun an diesen enormen Erfolg anknüpften (stellten diesen Anspruch jedenfalls an sich selbst). Es folgte 1995 das Album „Touché". Die daraus ausgekoppelten Singles „Living Without Your Love" und „Tell Me When" konnten noch einmal in einigen Ländern gute Chartpositionen erzielen, allerdings waren diese von den „Forever Young"-Platzierungen weit entfernt, was verständlicherweise für etwas Frust bei den Jungs sorgte. Jens zog sich nach dem Album aus der Produktion zurück, sodass Andreas und Ramon alleine weitermachten. **Interactive** gelang allerdings kein großer Erfolg mehr – die Rave-Sound-Welle war vorüber.

1998 erschien die letzte richtige Interactive-Single (danach nur noch Remixe) – das Projekt wurde nach und nach eingestellt. Ramon störte das aber nicht, er produzierte immer mehrere Sachen gleichzeitig, feierte u. a. mit dem Projekt Bellini und ihrem Song „Samba De Janeiro" einen Welterfolg. Außerdem waren „Fragma", „Paffendorf" sowie „Celvin Rotane" nur drei seiner weiteren Projekte. Bis heute ist er auch noch mit dem Projekt Hardfloor aktiv. Jens Lissat gründete seit damals drei Labels und tritt noch oft mit seinem DJ-Partner Marco Wolters als Duo Lissat und Voltaxx auf – holt sozusagen das Live-Feeling nach, das damals bei der Interactive-Studioarbeit für ihn auf der Strecke blieb. Alle drei halten übrigens auch weiterhin Kontakt zueinander!

Und was ist mit **Interactive** selbst? Ist das Projekt wieder live zu erleben? Jawohl! Und das, obwohl Ramon bis 2016 der Meinung war, die Sache sei gegessen. Ihm ist zwar auch nicht entgangen, dass die 90er wieder boomen, erwartet hätte er ein solch enormes Ausmaß allerdings überhaupt nicht. Zunächst waren seine ganzen früheren Kollegen und Freunde wieder mit ihren Projekten von damals auf Tour und dann kam auch noch eine Anfrage für **Interactive** ins Haus geflattert, und zwar vom größten deutschen 90er-Konzert. Ramon kam ins Grübeln: „Warum eigentlich nicht?" Und so geschah es. Ein Best-Of-Album namens „Retroactive – The Very Best … And More!" hatte er beim Interactive-Comeback gleich mit im Gepäck. Auch auf der Platte: zwei unveröffentlichte Songs aus den 90ern sowie eine spezielle Version von „Forever Young".

MAGIC AFFAIR

Das Eurodance-Projekt mit dem Omen!

Foto: Magic Affair

Magic Affair – das waren Produzent und DJ Mike Staab, Sängerin Franca Morgano und der Rapper A.K.-S.W.I.F.T. Doch der Grundstein für ihren Erfolg wurde von anderen gelegt. Ausgangspunkt waren 1988 das Projekt Mysterious Art und ein musikbegeisterter Herr Michael Krautter. Gemeinsam mit der Sängerin Stephanie Matias (damals noch Trautmann) entstand das Konzept vom mystischen Classic-Dance. Im September des besagten Jahres komponierte er dann die erste Instrumentalversion von „Das Omen" auf einem Commodore 64. In einer Diskothek in Aschaffenburg begann der Siegeszug. Michael Krautter packte den Song auf eine Kassette und ließ diese vom DJ abspielen. Die Teenies liebten den Song und tanzten ausgelassen dazu. *„Ohne Frage, das war ein irres Gefühl"*, erinnerte er sich später.

Unter der Hand wurde die Kassette kopiert und weitergereicht. Später lief der Song in Diskotheken in ganz Deutschland, obwohl er nirgends veröffentlicht war, keine einzige Platte wurde offiziell gepresst. Auch ein DJ namens Mike Staab wurde aufmerksam. Er sah die Gunst der Stunde und nahm Kontakt zu Michael auf. Sie fügten Gesang von Sängerin Nicole Boeuf (heute Kolb) hinzu und das „Call The Omen!" als wiederkehrendes Echo im Hintergrund nahm Stephanie Matias auf. Ein Plattenvertrag bei CBS Music Publishing Germany (nun im Katalog von Sony Music) folgte sogleich. Im Juli 1989 schoss die Single auf Platz 1 der deutschen Charts und harrte dort für ganze neun Wochen aus! In Österreich und der Schweiz erreichte das Lied Platz 2. Der enorme Erfolg machte einen Auftritt in der Musiksendung „Formel Eins" möglich. Dabei saß Michael übrigens am Keyboard, was keine bloße Schauspielerei war, er konnte wirklich spielen.

Nach dem Erfolg war Michael auch weiterhin als Komponist für das Projekt tätig, wenngleich nun Mike Staab zum federführenden Produzenten wurde. Nur wenige Monate nach dem ersten Charterfolg erschien das Album „The Story". Michael Krautter komponierte fast 100 % der Musik gemeinsam mit Musikerfreund Mario Habelt. Die Single „Carma – Omen 2" erlangte in Deutschland Platz 9, in der Schweiz Platz 10 und in Österreich Platz 17. Nun durfte Mysterious Art sogar bei Madonnas „Blonde Ambition Tour" 1990 im Vorprogramm spielen. Ein Jahr später folgte ein zweites Album mit zwölf Titeln und danach ein Wechsel zur Plattenfirma EMI (heute Universal Music).

Aber auch im Team gab es einen Wechsel. Mike Staab riss das Ruder an sich. Aus rechtlichen Gründen durfte er den Namen Mysterious Art allerdings nicht verwenden – **Magic Affair** entstand. Mit Franca Morgano und Rapper A.K.-S.W.I.F.T. (seinen bürgerlichen Namen hält er bis heute erfolgreich geheim) wurden ihm zwei Künstler empfohlen. Sie kamen ins Studio, sangen drei Songs ein, drehten ein Video für die geplante erste Single und schon war das neue Projekt bereit für die Welt.

Ihre Single hieß „Omen III" und damit ergab sich direkt ein 1. Platz in Deutschland samt Platin-Auszeichnung. In Österreich erhielt die Single Gold sowie Platz 2 und in der Schweiz landeten **Magic Affair** auf Nr. 3. Sogar in Großbritannien gelang eine Top-20-Platzierung. Insgesamt verkaufte der Song über 500.000 Einheiten. Anschließend folgte im April 1994 mit „Give Me All Your Love" (über 250.000 verkaufte Einheiten) und dem dazugehörigen Album „Omen – The Story Continues …" der nächste Hit. Beide Werke erzielten grandiose Chartplatzierungen und die Auskopplungen „In The Middle Of The Night" sowie „Fire" wurden ebenfalls zu Charterfolgen – und das nicht nur in Europa!

Magic Affair flog um die ganze Welt. Sängerin Franca Morgano machte jedoch vor dem Start in die große Karriere einen klitzekleinen Fehler, der für manche skurrile Situationen sorgte, wie sie heute berichtet. Ihre private Telefonnummer (ja – wir reden noch von dem sogenannten Festnetz) stand nämlich im Telefonbuch und sie ließ sie nicht austragen. Man kann sich vorstellen, dass sie ihr Telefon bald nicht mehr nutzen konnte. In der zweiten Hälfte des Jahrzehnts ließ der Erfolg von **Magic Affair** dann leider nach. Nur „The Rhythm Makes You Wanna Dance" und „Energy Of Light" konnten sich im deutschsprachigen Raum in den Charts platzieren, bekamen vom Publikum allerdings nicht das Prädikat „Hit!".

Und was wurde aus den Teammitgliedern von **Magic Affair**? Produzent Mike Staab verstarb im Mai 2009 im Alter von nur 49 Jahren. Rapper A.K.-S.W.I.F.T. hat sich 2013 komplett aus **Magic Affair** zurückgezogen, blieb der Musikbranche aber treu und kooperiert hier und da mit Musikern – auch als Songwriter und Co-Producer soll er aktiv sein. Franca Morgano, die 1,50 Meter große Frontfrau, die übrigens auch mal Background-Sängerin von Mariah Carey war, präsentiert **Magic Affair** weiterhin auf der Bühne. Einen neuen Rapper hat sie natürlich mit im Gepäck!

EIN EURODANCE-PROJEKT MIT ÄGYPTISCH ANGEHAUCHTEN KOSTÜMEN!

PHARAO

Foto: Pharao

Die Idee für das Musik-Projekt **Pharao** hatten Anfang 1994 die Produzenten Alexander Hawking und Steffen Harning alias DJ Stevie Steve, der später Teil des Projekts Milk & Sugar wurde. An einem ganz normalen Abend um 21 Uhr bekam die Sängerin Claudia Banerjee einen Anruf von einer Freundin, die ihr berichtete, dass ein Produzent für ein neues Eurodance-Projekt auf der Suche nach einer Sängerin sei. Sie nutzte die Gelegenheit und rief gleich bei ihm an. Noch am selben Abend um 22 Uhr wurde sie vom bereits engagierten Rapper Marcus Déon Thomas abgeholt und zum Studio gefahren. Der damals 24-jährige Amerikaner war vorher übrigens Teil des Projektes Splash, das 1991 mit „I Need Rhythm" punkten konnte. Wie Claudia sich heute erinnert, war der Song namens „I Show You Secrets" schon nachts um halb drei im Kasten. Das Projekt bekam anschließend einen Namen sowie einen ganz eigenen Look verpasst und aus Claudia (geboren in Kairo, der Hauptstadt Ägyptens) wurde Kyra Pharao – ihre Reise konnte beginnen!

„I Show You Secrets" landete in Deutschland und der Schweiz mit einem Ruck auf Platz 6 der Charts, in Österreich belegte die Single die 5. Auch in Finnland und Schweden gelang ein großer Erfolg, sie kam sogar in die Dance-Charts in Amerika und Kanada. Zum Ende des Jahres 1994 folgte bereits das Album

„Pharao" und die zweite Single „There Is A Star". Die Chartplatzierungen zogen sich bis ins Jahr 1995, **Pharao** verkaufte binnen kürzester Zeit über 600.000 Platten. Für die Formation bedeutete dies eine Tour durch ganz Europa und auch durch Lateinamerika. Dabei häufig an Claudias Seite: Schlange Petit („Kleine") und eine Mumie namens King Pharao.

Für alle Beteiligten änderte sich auf einen Schlag alles. Der Terminplaner füllte sich, das Interesse der Presse sowie der Erfolgsdruck stiegen enorm an. Es begann eine recht intensive Zeit, wie Claudia alias Kyra heute zugibt. Am meisten ist ihr ein Konzert in einer riesigen Stierkampfarena in Mexico City im Gedächtnis geblieben, wo sie auf einer drehenden Mittelbühne auftreten durfte. Entspannen konnte sie damals zweifelsohne nur bei ihrer Mutter auf der Alm im Allgäu.

Der dritten Single „World Of Magic" gelang anschließend nur in Deutschland ein Erfolg. Nach ihr verließ Rapper Deon das Projekt und **Pharao** legte eine zweijährige Pause ein. 1997 feierte Kyra schließlich mit dem Song „Temple Of Love" ihr erstes Pharao-Comeback, wobei auch dieses Lied wieder nur in Deutschland einen Erfolg verbuchen konnte – Platz 36 hieß es hier für **Pharao**. Ende 1997 versuchte man es noch einmal mit der Single „Once Upon A Time", um das anstehende zweite Album (Veröffentlichung Anfang 1998) zu promoten. Die Rechnung ging nicht wirklich auf, weshalb Kyra und die beiden Produzenten das Projekt Ende 1998 auf Eis legten. Dass Eis schmelzen kann, bewiesen ja so einige Eurodance-Acts in den 2010er-Jahren. 2014 war es auch für Claudia so weit, es ging zurück auf die Bühne, wo sie ihre Hits auch heute noch mit wechselnden Rappern präsentiert.

DJ BOBO

Der grösste aller Eurodance-Acts!

Foto: Yes Music

DJ BoBo heißt mit bürgerlichen Namen Peter René Baumann und wurde am 5. Januar 1968 in der Schweiz geboren. Schnell nahmen Breakdance und Musik sein Leben ein und in den 80ern wurde er schließlich DJ in einem Jugendhaus. Bereits damals verpasste er sich den Spitznamen „DJ BoBo", welcher schlicht und einfach an eine Comicfigur angelehnt ist. An den Turntables war er bald richtig gut. So gut, dass er 1986 sogar die Silbermedaille bei den Schweizer DJ-Meisterschaften gewann. Damit wuchs natürlich auch sein Selbstbewusstsein. Bald traute er sich, reine Instrumental-Versionen aufzulegen und live zu rappen, was bei den Leuten auf der Tanzfläche richtig gut ankam. Die zweite Hälfte des Jahrzehnts bestand bei BoBo hauptsächlich aus dem Auflegen in verschiedenen Diskotheken (bei denen er immer wieder seine Breakdance-Künste zum Besten gab) und Background-Tanz für andere Künstler.

1990 nahm er sein erspartes Geld zusammen und ließ auf eigene Kosten seine erste richtige Single namens „I Love You" produzieren. 1991 folgten „Ladies In The House" und „Let's Groove On", die allesamt nur dazu dienten, sein Repertoire aufzufüllen. Es erging ihm zu der Zeit also nicht anders als den meisten DJs – die Chart-Songs reichten irgendwann halt einfach nicht mehr aus, um jede Woche in derselben Disco ein abwechslungsreiches Set zu präsentieren. „Let's Groove On", so sagt BoBo, war dabei das erste Lied, das nicht zu sehr gebastelt klang und die Tanzfläche zudem nicht leergefegt hat, was ja ein ziemlicher Vorteil beim Auflegen ist. Nach eigener Aussage hat er seinen Produzenten damals ein

Jahr lang förmlich gequält, da BoBo keinerlei Ahnung hatte, wie man eigentlich professionell produziert. Er brachte ständig nur Vorschläge mit Samples ein, was den Profi verrückt machte. Dieser hatte keinen Durchblick mehr, was der junge Mann denn nun überhaupt wollte. Anschließend bekam BoBo eine Festanstellung in der Diskothek Oxa in Zürich (für 3.000 Schweizer Franken pro Monat – vom heutigen Kurs ausgehend waren das etwa 5.300 DM, wobei man natürlich sagen muss, dass die Gehälter in der Schweiz generell schon immer höher waren).

In dieser Disco musste er von Dienstag bis Samstag jeden Abend Platten auflegen. Ab und zu durfte er seine Songs aber auch in anderen Locations live austesten, wofür er damals schon Tänzer engagierte. Alles änderte sich für ihn im Jahr 1992. **DJ BoBo** mochte zu dieser Zeit den Song „Somebody's Watching Me" von Rockwell und nahm mit seinem Sampling-Gerät den Refrain auf. Sein Irrglaube: Sieben Sekunden darf man problemlos aus einem fremden Stück für einen eigenen Song verwenden, schließlich konnten die Sampling-Geräte auch nur sieben Sekunden aufzeichnen. Das Gerücht war außerdem in der DJ-Szene weit verbreitet, was ihn in der Annahme nur noch bestärkte. Später merkte er dann, dass dem natürlich nicht so war.

Auf jeden Fall ging er mit dem Song (den er um das Original-Sample herum baute) zu einem Label. Dem gefiel das Lied, man wusste jedoch um das Sample und meinten, er solle einfach ein Wort ändern und einen anderen Sänger finden. BoBo fand das schade, denn die Nummer klang in seinen Augen bereits richtig gut. Nach ein bisschen Herumprobieren wurde aus „Watching" schließlich „Dancing". BoBo ging erstmals als DJ vom Dorf in ein großes Hightech-Tonstudio und nahm den Song mit der Schweizer Soulsängerin Emel sowie dem erfahrenen Produzenten Axel Breitung auf (der schrieb übrigens auch den Rednex-Song „Spririt Of The Hawk"). Für Breitung und BoBo war das der Beginn einer langen, erfolgreichen Zusammenarbeit. Den Song spielte er bereits im Oktober 1992 bei seinen Auftritten in den Diskotheken, was ihm durchweg positives Feedback einbrachte. Im Frühjahr 1993 erklomm das Lied dann auch die Chartspitze in der Schweiz. In Deutschland erreichte **DJ BoBo** Platz 4 und in Österreich die 3, wobei jeweils eine Goldene Schallplatte folgte. Doch nicht nur die. Ein Rechtsstreit sollte wegen des angesprochenen Samples ebenso noch auf ihn zukommen. Und was war dessen Ergebnis? 80 Prozent der gesamten Einnahmen gingen an Rockwell. Sei es drum. BoBo hatte trotzdem einen Hit.

Im Herbst 1993 kam in erneuter Zusammenarbeit mit Axel Breitung das erste Album („Dance With Me") mit den Folge-Hits „Keep On Dancing!", „Take Control" und „Everybody" auf den Markt. Letzterer wurde ebenfalls von Emel gesungen und war in Deutschland übrigens sein erfolgreichster Song, er erreichte Gold und Platin (das sind nach damaliger Rechnung über 750.000 verkaufte Platten). 1994 ging es gleich mit dem zweiten Album weiter, das auch wieder einschlug. „Let The Dream Come True" (die nächste Nummer 1 in seiner Heimat), „Love Is All Around", „There Is A Party" sowie „Freedom" füllten seine Hit-Diskografie weiter auf. Wert legte er bei seinen Songs übrigens lediglich darauf, dass die Leute auf der Tanzfläche blieben. Die Sounds und die Bässe standen dabei an erster Stelle. Die Melodie musste eingängig und der Text simpel sein, ohne eine wirkliche Aussage haben zu müssen. Anschließend veröffentlichte er 1996 mit „Love Is The Price" auch noch die erste Ballade eines Eurodance-Acts. Doch damit war noch lange nicht Schluss. Sein Erfolg wurde mit „Pray" und „Respect Yourself" sowie „It's My Life" und „Shadows Of The Night" von Album 2 fortgesetzt, die alle von der Sängerin Lori Glori eingesungen wurden. Sie sang übrigens auch bei „Let The Dream Come True" und „There Is A Party" sowie fünf weiteren BoBo-Songs. Bei seinen Konzerten trat sie hingegen nie auf. Doch zurück zu **DJ BoBo**: Einige weitere Single-Auskopplungen aus den Alben 4 und 5 (welche bis 1999 erschienen) waren ebenfalls Charterfolge und wurden mit Auszeichnungen nur so überhäuft.

2001 gingen die Umsatzzahlen in der Musik allerdings stark zurück. BoBo und sein Team mussten umdenken. Sie setzten sich zusammen und planten frühzeitig. Ihre Entscheidung: auf Live-Konzerte konzentrieren und damit die nächsten Jahrzehnte füllen, um eben nicht (wie viele andere Künstler) komplett von der Bildfläche zu verschwinden. Von seinen Fans wird er genau wegen dieser Entscheidung liebevoll „King of Dance" genannt. Den Titel hat er sich aber auch redlich verdient, ging er in seinen erfolgreichsten Zeiten ja sogar mit Michael Jackson auf Tour. Seine eigenen Vorbands waren damals übrigens unter anderem die Backstreet Boys oder *NSYNC. Ob man seine Musik nun mag oder nicht, man kann auf jeden Fall getrost behaupten, dass **DJ BoBo** der nachhaltigste Act der Eurodance-Geschichte ist. Weit über 1.000 Auftritte hat er bis heute absolviert, feierte im Jahr 2017 sein 25-jähriges Bühnenjubiläum und wird auch in Zukunft alle paar Jahre touren und Alben veröffentlichen. Chapeau!

TEE END*

*WIR HABEN'S DOCH ALLE SO AUSGESPROCHEN, ODER? ;)